¡Decláralo!
¡Reclámalo!
¡Recíbelo!

DAG HEWARD-MILLS

Parchment House

¡Decláralo! ¡Reclámalo! ¡Recíbelo!
Dag Heward-Mills

A menos que se indique lo contrario, las citas bíblicas se tomaron de la Santa Bíblia versión Reina Valera Revisión de 1995.

Originalmente publicado por Parchment House 1999
Título original en inglés: Name It! Claim It!! Take It!!!

Título original en inglés: ***Name it! Claim it! Take it!***
1ª. Edición en español 2011

Segunda Impresión 2015

Traducción al español: Adriana Tessore
Revisión: Claudia Huitron Acosta

Para mayor información sobre Dag Heward-Mills,
Campaña de Jesús El Sanador
Escribe a: evangelista@daghewardmills.org
Sitio de web: www.daghewardmills.org.mx
Facebook: Obispo Dag Heward-Mills
Twitter: @DagHewardM

ISBN: 978-9988-8516-2-0

Índice

SECCION I:

Entender lo que significa ¡Declararlo! ¡Reclamarlo! ¡Recibirlo!

Capítulo 1

El secreto para alcanzar un logro

Mas el justo vivirá por fe...

Hebreos 10:38

¿Qué significa: «Declararlo, reclamarlo y recibirlo»?

«Declararlo, reclamarlo y recibirlo» simplemente es un término descriptivo para que ejercites tu fe. ¡Todo cristiano debe tener fe y debe ejercitarla! La fe es la clave para alcanzar logros y milagros en la vida. La fe es la clave para obtener respuestas a la oración. En términos generales, las personas que tienen fe son más prósperas que aquellas que no la tienen. ¡Noto una diferencia entre los cristianos que caminan por fe y aquellos que no lo hacen!

Los hombres y las mujeres de fe también sufren desilusiones, enfermedades y otros inconvenientes. Sin embargo, en términos muy generales, percibo una serie de bendiciones, abundancia y larga vida entre aquellos que las creen.

Mas el justo vivirá por fe; y si retrocediere, no agradará a mi alma.

Hebreos 10:38

Dios está diciendo que si te apartas de la fe, no estará contento contigo. Hay algunos que piensan que la fe no es tan importante. Suelen alejarse del mensaje de fe y de las personas de fe. Sienten que deben enfatizarse la paciencia, la amabilidad, la santidad, etc. Creo que todas estas cualidades son importantes y que todas ellas desempeñan un papel fundamental en la vida cristiana. *Sin embargo, no quiere decir que debamos restarle importancia al papel que la fe cumple en la vida cristiana.* El hecho de que el corazón sea vital para el funcionamiento del cuerpo no significa que los riñones no tengan la misma importancia. Ambos valen y ambos tienen un rol particular que cumplir.

La fe es una virtud de suma importancia que cumple un papel fundamental en la vida de cada cristiano. La Biblia dice que sin fe es imposible agradar a Dios.

> **Pero sin fe es imposible agradar a Dios; porque es necesario que el que se acerca a Dios crea que le hay, y que es galardonador de los que le buscan.**
>
> **Hebreos 11:6**

Resulta interesante recalcar que la Palabra de Dios no dice que sin amor es imposible agradar a Dios. La Biblia tampoco dice que sin paz es imposible agradar a Dios. La Biblia es muy clara en esto: ¡SIN FE ES **IMPOSIBLE** AGRADAR A DIOS!

La fe de Abraham en Dios fue considerada un acto de justicia. Abraham creyó que El Shaddai era capaz de darle un hijo en su vejez. Abraham tenía sus errores. Mintió en cuanto a quien era su esposa y en dos ocasiones la entregó a reyes impíos para el placer de ellos.

Pese a la mentira y su comportamiento cobarde, Dios estaba muy satisfecho con Abraham porque él confiaba en Sus mandamientos.

Tal vez según tu criterio, Abraham hubiera quedado descalificado. Quizás para ti, Abraham no fue una gran persona. Pero ante los ojos de Dios, él fue un gran hombre. La grandeza de Abraham fue el resultado de su fe.

> **Plenamente convencido de que era también poderoso para hacer todo lo que había prometido; por lo cual también SU FE LE FUE CONTADA POR JUSTICIA.**
>
> **Romanos 4:21-22**

Querido amigo cristiano: Dios se pone contento, queda impactado y satisfecho cuando crees en Él. Cuando crees que Dios te sanará, ¡alegras a Dios! Cuando crees que Dios te prosperará, complaces a Dios. Cuando crees que tus logros vienen en camino, Dios queda muy satisfecho contigo. Cuando tienes fe de que vivirás por mucho tiempo, incitas a que Dios prolongue tu vida. **Cuando crees que Dios te hará prosperar y tener en abundancia, conmueves hasta lo más profundo de El Shaddai.** Haces que Él derrame en tu vida una lluvia de bendiciones.

¡Te veo caminar en medio de grandes bendiciones de Jehová! ¡Te veo disfrutar una vida abundante en Dios! ¡Te veo libre de la enfermedad! ¡Veo roto el poder de las maldiciones en tu vida! ¡Veo que Dios está satisfecho contigo porque crees en Él!

A partir de este momento, nunca dudes de ninguna porción de la Palabra de Dios. Reconoce que eres el triunfador de quien Él está hablando. Rebosa con el mensaje de prosperidad, sanidad y abundancia. Ten siempre presente que Dios se alegra cuando crees en Él.

Dios no es un Dios de pobreza. Desde que conocí al Señor, no me he empobrecido en ningún aspecto. No encuentro en la Biblia empobrecimiento, fracasos, percances ni limitaciones. Solo veo abundancia, progreso y liberación de los enemigos. ¡Veo a Dios levantándome cada día! Dios no te trajo a Cristo para degradarte ni avergonzarte. Te trajo a Cristo para levantarte y establecerte en una vida abundante. Jesús vino para que tengamos vida y la tengamos en abundancia (Juan 10:10).

Jesús bendijo a aquellos que tuvieron fe

Durante el ministerio de Jesús, muchas personas experimentaron logros personales. ¿Quiénes fueron? ¿Y por qué recibieron estos milagros?

Recordarás lo que Jesús dijo acerca de la mujer con flujo de sangre. Esta persona había sufrido doce años sin resultado alguno. Se acercó a Jesús y recibió un milagro extraordinario. ¿Cuál fue el secreto del éxito? Jesús nos da la respuesta en Marcos 5:34.

... Hija, TU FE te ha hecho salva...

Marcos 5:34

El ciego Bartimeo recibió la vista por un milagro. Era un hermano molesto que interrumpía el culto. Pero Jesús advirtió su presencia y lo sanó. ¿Cuál fue el secreto? La fe en Dios. ¡Obtuvo la sanidad declarándola, reclamándola y recibiéndola! Mira lo que Jesús le dijo a Bartimeo:

… TU FE te ha salvado.

Marcos 10:52

La mujer pecadora que derramó un frasco de alabastro con perfume a los pies de Jesús también recibió el milagro del perdón. ¿Por qué Jesús la perdonó? Él le dijo:

... TU FE te ha salvado, ve en paz.

Lucas 7:50

Diez leprosos fueron sanados y solo uno volvió para agradecer. El que regresó recibió la salvación. ¿Por qué este leproso recibió una bendición extra? Jesús le dijo las mismas palabras.

… Levántate, vete; TU FE te ha salvado.

Lucas 17:19

Dos ciegos vinieron a Jesús y le pidieron misericordia de parte de Dios. Jesús los tocó y los sanó. ¿Qué hace que cosas tan lindas les sucedan a algunas personas? ¿Cuáles fueron sus palabras para estos dos hombres?

… Conforme a VUESTRA FE os sea hecho.

Mateo 9:29

¿Te has dado cuenta de que Jesús nunca dijo: «Tu amor te ha sanado»?

Jesús nunca dijo: «Tu santidad te ha salvado».

Tampoco: «Se hará con ustedes conforme a su paciencia».

¿Por qué nunca dijo: «Tu buen carácter te ha salvado»?

¡Por favor, no me malinterpretes! ¡No estoy diciendo que estas virtudes no sean importantes! Estoy diciendo que fue la fe de estas personas lo que impresionó a Jesús. Estoy demostrando que Jesús una y otra vez señaló que fue la fe la que obró el milagro. Es por esto que la Biblia expresa que sin fe es imposible agradar a Dios.

¿Alguna vez pensaste en aquellos hombres que entraron por el techo de una casa para llevar a su amigo paralítico a Cristo? Tal vez eran ladrones con experiencia que estaban acostumbrados a entrar a las casas. Quizás eran hombres acostumbrados a pasarse en la fila y quitarles a otros el lugar. Pero la Biblia nos dice que Jesús vio la fe de ellos y al instante respondió a sus necesidades.

> **Al VER ÉL LA FE DE ELLOS, les dijo: Hombre, tus pecados te son perdonados.**
>
> **Lucas 5:20**

Jesús no tuvo en cuenta el hecho de que se habían colado o que habían quitado las tejas del techo. ¡Vio la fe de ellos! ¡Jesús ve tu fe! ¡Dios ve tu fe! Es hora de que te levantes y creas lo que está escrito en la Palabra de Dios. ¡Conforme a tu fe te sea hecho!

Capítulo 2

Desarrollar una fe verdadera

En mis primeros años de cristiano, el concepto de tener fe me parecía algo inverosímil. Después de todo, resulta poco realista ordenar a una montaña que se pase al mar. ¿Quién podría imaginar algo semejante? Ni siquiera el mismo Jesús nunca movió a otro sitio las montañas que rodeaban Jerusalén.

Siempre se ha considerado a la fe como algo en lo que solo se involucran las personas altamente emocionales. Pareciera ser algo para teóricos y gente poco realista. Aquellos que tienen fe a menudo tienen la imagen de ser cristianos perezosos, no dispuestos a trabajar y que solo quieren que las cosas buenas sucedan como por arte de magia. ¡Pero la fe no se trata de nada de esto!

¿Qué es la fe?

Es, pues, la fe la certeza de lo que se espera, la convicción de lo que no se ve.

Hebreos 11:1

La fe es la certeza de lo que se espera. Dependiendo de tus circunstancias, la fe puede parecer más o menos sustancial. Si creciste en una sociedad crítica e impía, tendrás menos fe en lo sobrenatural. A pesar de esto, en el momento en que naces de nuevo, recibes una medida de fe de parte de Dios.

... LA MEDIDA DE FE que Dios repartió a cada uno.

Romanos 12:3

Esto significa que todos tenemos una medida de fe. Tal vez pienses: «¡Yo no creo en nada!» ¡Pero eso no es cierto! Cada vez que te sientas en una silla estás practicando la fe en la silla. Estas seguro de que no se romperá, por eso te sientas sin pensarlo dos veces. Cada vez que te subes a un auto o a un avión, estás ejercitando tu fe en la tecnología. También estás depositando tu fe en el chofer o en el piloto que está en la cabina.

Lo sepas o no, tienes una medida de fe. Es importante desarrollar esa fe. El tema de la fe es algo misterioso y tenemos mucho que aprender de él. Sé de gente que ha ejercitado mucha fe y esta fe ha traído como resultado muchos avances en su vida. Asimismo, hay personas que al parecer han ejercitado la fe, sin obtener los mismos resultados. No tengo todas las respuestas y nadie las tiene. La Biblia dice que la fe es un misterio.

Que guarden EL MISTERIO DE LA FE con limpia conciencia.

1 Timoteo 3:9

Es nuestro deber buscar al Señor y aprender todo lo que podamos de Él.

Cada cristiano se encuentra en un nivel de fe diferente. Es importante saber que tu fe puede estar en un nivel más alto o más bajo dependiendo de diversos factores. Antes de que seas capaz de declararlo, reclamarlo y recibirlo, ¡debes conocer en qué nivel de fe te encuentras! ¡Es absurdo pretender que un niño de tres años maneje un auto de verdad! ¡Solo se le puede permitir andar en un pequeño triciclo ya que no es capaz de conducir el vehículo de un adulto!

No obstante, esto no lo hace ser menos. Solamente significa que el niño no tiene la madurez suficiente como para manejar un auto de verdad. Cuando sea más grande y tenga la madurez necesaria, será capaz de lidiar con cosas más grandes.

Hay muchos cristianos que creen en Dios para cosas que se encuentran más allá de su nivel de fe. Es preciso que conozcas el nivel de tu fe. Existen muchas cosas por las que no oro. Hay cuestiones en las cuales no he ejercitado mi fe. Sé que aún no estoy preparado para avanzar hacia ciertos niveles de fe. Algún día, cuando esté listo, lo haré. Cuando practique mi fe en ese nivel, creo que obtendré resultados al ciento por ciento.

Clases de fe

La Biblia menciona distintos niveles de fe. La Palabra de Dios nos enseña que puedes tener poca fe, mucha fe, una fe que crece, una fe muerta, una fe débil, una fe sólida e incluso una fe que naufraga. Todos estos términos descriptivos nos muestran que el estado de la fe puede variar.

Fíjate en los distintos pasajes que describen los niveles de fe que podemos tener.

Poca fe

¡Hombre de POCA FE! ¿Por qué dudaste?

Mateo 14:31

Mucha fe

… ni aun en Israel he hallado TANTA FE.

Mateo 8:5-10

Una fe débil

Y no se DEBILITÓ EN LA FE…

Romanos 4:17-19

Una fe sólida

Tampoco dudó, por incredulidad, de la promesa de Dios, sino que se FORTALECIÓ EN FE…

Romanos 4:20

Una fe que crece

Debemos siempre dar gracias a Dios por vosotros, hermanos, como es digno, Por cuando vuestra FE VA CRECIENDO…

2 Tesalonicenses 1:3

Una fe que aumenta

Dijeron los apóstoles al Señor: AUMÉNTANOS LA FE.

Lucas 17:5

Una fe en plenitud

Eligieron a Esteban, varón LLENO DE FE y del Espíritu Santo...

Hechos 6:5

Una fe no fingida o una fe genuina

El propósito de este mandamiento es el amor nacido de corazón limpio, de buena conciencia y FE NO FINGIDA.

1 Timoteo 1:5

Una fe que no titubea

Pero pida con FE, NO DUDANDO NADA...

Santiago 1:6

Una fe rica

¿No ha elegido Dios a los pobres de este mundo para que sean RICOS EN FE...?

Santiago 2:5

Una fe perfecta o madura (plenamente desarrollada)

¿No ves que la fe actuó juntamente con sus obras, y que LA FE SE PERFECCIONÓ por las obras?

Santiago 2:22

Una fe victoriosa

Porque todo lo que es nacido de Dios vence al mundo; y esta es la victoria que HA VENCIDO AL MUNDO, NUESTRA FE.

1 Juan 5:4

Una fe que falla

Pero yo he orado por ti, para que NO FALLE TU FE...

Lucas 22:32 (NVI)

Una fe muerta

Así también LA FE, SI NO TIENE OBRAS, ES MUERTA EN SÍ MISMA.

Santiago 2:17

Una fe que naufraga

Manteniendo la fe y buena conciencia, desechando la cual NAUFRAGARON EN CUANTO A LA FE algunos.

1 Timoteo 1:19

Cuando consideras todos estos tipos de fe, te das cuenta de que la fe es una condición muy variable. ¿Tienes una fe fuerte o débil? ¿Estás lleno de fe? ¿Tu fe está viva o muerta? Estas son preguntas importantes que debes hacerte.

Pasos para mejorar tu fe

Verás que hay algunos tipos de fe que debes evitar. Tu fe no debe ser débil, ni escasa, ni muerta, ni tampoco debe naufragar. Tal como un perro débil o muerto no puede cuidar tu casa, una fe débil y muerta en poco pueden beneficiarte. Si vas a tener un perro, ¡escoge uno fornido! Si vas a tener fe, asegúrate de que sea una fe viva, rica y sólida. Pero ¿cómo hacemos para que nuestra fe aumente? ¿Cómo hacemos para alcanzar una fe que crezca?

¿Cuál es el secreto para alcanzar aquella fe que obtiene logros? La respuesta está en la Biblia.

Voy a proponerte métodos bíblicos para fortalecer tu fe. Existen tres maneras sencillas de mejorar la fe: *escuchar a lo correcto, poner la vista en lo correcto y llevar la fe a la práctica.*

La fe viene por el oír

La primera forma de fortalecer la fe es escuchando. La Palabra de Dios nos enseña que la fe viene por el oír.

> **Así que LA FE ES POR EL OÍR, y el oír, por la palabra de Dios.**
>
> **Romanos 10:17**

Te guste o no, lo que crees está determinado por lo que oyes. Existen dos maneras de escuchar las cosas: voluntariamente o involuntariamente. Cualquiera sea la forma, afecta tu fe.

¿Es cierto?

En Ghana, a ciertas tribus se les atribuye cualidades especiales. Mucha gente cree en estas cualidades, aunque a veces lo hacen sin razón alguna. Hay una tribu en Ghana que se cree que está impregnada por la brujería y el poder de talismanes. Alguien me dijo que cuando Satanás fue echado del cielo, cayó en esa región de Ghana ¡y dejó sus zapatillas allí!

Sé de personas que se niegan a alquilarles sus casas a gente de esa tribu, sin importar cuánto dinero ofrezcan. A menudo ni siquiera conocen a alguien de esa tribu en particular, pero por todas las historias que se han contado una y otra vez, la gente cree que son ciertas. ¡La fe viene por el oír! Me llama la atención que aunque existen otras regiones y tribus que están igual o más involucradas en la brujería y el ocultismo, no reciben tanta atención.

La impresión que tengo de la gente de la tribu de la que hablé es que son personas flexibles y muy agradables. Si yo aceptara las cosas que se han dicho, tal vez ni siquiera podría conversar con ellos. Sé de pastores que hasta tienen miedo de organizar cruzadas en dichas regiones porque han oído hablar mucho del poder de la magia negra en la zona.

¡Quizás también crean que Satanás cayó en esa zona cuando fue echado del cielo! ¿Entiendes? Si estos pastores hubieran oído más acerca del poder de Dios, es probable que crean que el poder de Dios es mejor y más grande que cualquier otro poder. El poder del enemigo no resiste el poder y la sangre de Jesús.

También conozco mujeres jóvenes desesperadas por encontrar un esposo, pero que preferirían permanecer solteras antes que casarse con hombres de ciertas tribus. ¿Por qué? Han escuchado una y otra vez que determinados grupos de personas poseen ciertas características negativas.

¿Te casarías con un boxeador?

Cuando estaba por casarme, mi esposa dudaba mucho de involucrarse conmigo. Había oído muchas cosas negativas de parte de su mamá y de sus tías quienes le habían dicho que mi tribu era hosca. Le contaron anécdotas de mujeres que se habían casado con hombres de mi tribu y terminaron siendo golpeadas por sus maridos.

¡Insistieron en probar su teoría señalando que todos los boxeadores famosos de Ghana a nivel mundial provenían de esa tribu!

Es probable que mi futura esposa haya creído esto debido a que lo había escuchado desde que era niña. Te guste o no, ¡la fe viene por el oír! Incluso cuando oyes una mentira, tiene el poder de hacerte creer. Por eso algunos políticos le tienen miedo a la iglesia. Saben que la gente que acude a ella cree lo que le decimos. Eso explica por qué los políticos intentan controlar los medios de comunicación. Saben que la gente cree lo que escucha, sea o no cierto.

¿Alguna vez te preguntaste por qué en un golpe de estado uno de los primeros sitios que se toma es la estación de radiodifusión?

Es imprescindible que los nuevos rebeldes le hagan creer a todo el mundo, especialmente al ejército, que existe un nuevo gobierno. El ejército tiene instrucciones de defender al gobierno que está en el poder. Las fuerzas armadas solo pueden jurar fidelidad una vez que se les ha informado que acaba de establecerse un nuevo gobierno.

En cierta ocasión, le pregunté a un nigeriano: «¿Qué opinan ustedes de los ghaneses?»

Inmediatamente respondió: «¡Los consideramos *pobres* y *presuntuosos*!»

Pensé: «Quizás la idea de que los ghaneses son "pobres y presuntuosos" esté en la mente de muchos nigerianos». Tal vez algunos nunca hayan conocido a alguien de Ghana, pero aun así por dentro piensan que somos pobres y muy presuntuosos. ¿De dónde viene este pensamiento? De lo que escuchan todo el tiempo.

Decidí hacerles la misma pregunta a otros nigerianos. Para mi sorpresa, todos tenían la misma impresión.

¿De dónde sacan estas ideas? ¿Cómo llegan a creer esto de los ghaneses? ¡La fe viene por el oír!

¿Qué trato de decir? Que la fe viene por lo que escuchamos. Lo que oyes una y otra vez es lo que crees. Si eres parte de una iglesia que cree en la prosperidad, creerás que la prosperidad es algo bueno y tendrás una inclinación hacia ello. Si estás en una iglesia que predica que Dios envía la enfermedad para enseñarnos la humildad, entonces eso es lo que creerás. Jesús por eso dijo que debes tener cuidado con lo que escuchas.

Les dijo también: Mirad lo que oís…

Marcos 4:24

Cuando me recibí de médico, muchas personas me dijeron: «Ahora que eres médico, tendrás la oportunidad de ministrar a las personas tanto en el aspecto físico como en el espiritual».

Lo que la gente no se da cuenta es que durante siete años escuché todas las causas, la evolución y el desenlace de todas las enfermedades conocidas. La medicina nos enseña que en muchas enfermedades no hay esperanza. Nos enseña que muchas situaciones verdaderamente no tienen solución y que a veces el pronóstico es lamentable.

Después de escuchar esto durante años, es difícil creer que Dios puede sanar y definitivamente erradicar la enfermedad que devasta la raza humana. Resulta más fácil tener fe cuando se desconocen las consecuencias clínicas de una enfermedad.

La fe viene por el oír. Debes tener cuidado con lo que oyes.

Cuida tus oídos

Si te enteras que la economía está decayendo y, por tanto, que todo se está desmoronando, creerás y actuarás en consecuencia. El dinero, solo un papel, depende de la fe de las masas. Tan pronto como cae la fe de la gente en el dinero o en el sistema bancario, todo el mundo financiero puede colapsar. Siempre que surge una mala noticia en algunos de los principales centros financieros, una corriente de miedo ingresa a la mente de los millonarios de este mundo. Empiezan las corridas por el dinero. Es lo que hace que los bancos y las bolsas de valores caigan.

Debemos aprender lo importante que es cuidar nuestros oídos. No debes prestar tus oídos a malas noticias ni a historias desalentadoras. El miedo es una clase de fe que también es el resultado de oír. Debes escoger a tus amigos y caminar con personas que transmitan palabras positivas y alentadoras.

En un tiempo tuve amigos que no creían en mí. Me criticaban todo el tiempo. No veían nada bueno en mi ministerio. Me deshice de todas esas personas y ahora estoy rodeado de personas que hablan cosas positivas.

También es importante que transmitas cosas positivas a tus hijos. Si les dices: «Tonto», «Idiota» y «Malo», pronto creerán que son tontos, idiotas y malos. Sé de niños a los que sus parientes les llamaban «demonios» hasta que finalmente terminaron siendo «demonios» humanos.

Es por esto que escuchar grabaciones es un ejercicio espiritual tan importante. Debes buscar a propósito cintas con predicaciones y empaparte de ellas.

No debes escuchar música mundana. Debes rodearte de música cristiana. La música tiene un mensaje y en poco tiempo creerás lo que escuches.

Lo que ves afecta tu fe

Pese a que esta declaración no aparece en la Biblia, también es cierta. ¡Lo que no está explícito en un versículo con frecuencia está implícito en la Palabra! Cuando Pedro caminó sobre el agua, lo hizo muy bien y su fe funcionó perfectamente hasta que vio ciertas cosas.

> **PERO AL VER el fuerte viento, tuvo miedo; y comenzando a hundirse, dio voces, diciendo: ¡Señor, sálvame!**
>
> **Mateo 14:30**

Vio el viento y las olas, lo cual tuvo consecuencias terribles en su fe. ¡Lo que ves afecta tu fe! La fe de Pedro se debilitó de manera drástica y comenzó a hundirse. Él no escuchó un mensaje de duda que perturbara su nivel de fe. Nada se le dijo que llenara de duda su corazón. ¡Solamente vio lo que no debía ver! Vio el viento y las olas en acción y esto fue lo que sacudió su fe.

A veces es mejor orar y creer en Dios sin ver ciertas cosas. Cuando empiezas a observar el viento, las olas y el agua, ¡tu fe puede salir volando por la ventana!

La fe viene cuando la ponemos en práctica

Todos tenemos un nivel determinado de fe. Mientras más la utilizas, más crece. Si crees que Dios te dará una bicicleta y se vuelve realidad, tu fe aumentará y tendrás fe para creer que Dios te dará un auto. Es como levantar pesas. Comienzas con algo liviano y vas aumentando.

Jesús relató la parábola de un hombre de la nobleza que repartió diez minas entre sus diez siervos. Al regresar de un largo viaje, les preguntó a cada uno cuánta ganancia habían obtenido negociándolas (usándolas). En esta parábola descubrirás que el utilizar aquella mina trajo como consecuencia un lógico incremento en la cantidad de minas.

> **Dijo, pues: Un hombre noble se fue a un país lejano, para recibir un reino y volver. Y llamando a diez siervos suyos, les dio diez minas, y les dijo: Negociad entre tanto que vengo. Pero sus conciudadanos le aborrecían, y enviaron tras él una embajada, diciendo: No queremos que éste reine sobre nosotros. Aconteció que vuelto él, después de recibir el reino, mandó llamar ante él a aquellos siervos a los cuales había dado el dinero, para saber lo que había NEGOCIADO cada uno. Vino el primero, diciendo: Señor, tu mina ha ganado diez minas. Él le dijo: Está bien, buen siervo; por cuanto en lo poco has sido fiel, tendrás autoridad sobre diez ciudades.**
>
> **Lucas 19:12-17**

Ahora me resulta más sencillo orar por los enfermos. Hace algún tiempo me resultaba difícil ejercitar mi fe en esa área de ministerio. Después de hacerlo durante un tiempo, se requiere menos esfuerzo para creer que Dios hará el milagro de sanidad en los cultos de sanidad. No cabe duda que la fe aumenta a medida que la pones en práctica. Dios nos dio el principio de obtener ganancias mediante el negocio. ¡Ganas cuando negocias! ¡Aumentas la fe cuando la utilizas!

A medida que pongas estos tres principios en práctica, ¡poco a poco tu fe se irá fortaleciendo e irá en aumento! Tu fe ya no estará muerta ni tampoco naufragará. Cuando escuches el testimonio de las grandes cosas que ha hecho Dios, tu fe por las mismas cosas aumentará. Tu fe se convertirá en una fe que crece cada vez más y más.

Capítulo 3

¡Decláralo!

¿Qué quieres recibir de parte de Dios? ¡Solo tienes que decirlo! Descubrí que Dios es nuestro mejor amigo. Tradicionalmente, la gente le ha echado la culpa al Señor de todas las cosas malas que suceden. Incluso en la jerga legal, los sucesos tales como terremotos, inundaciones y tornados se denominan «leyes de Dios». ¿Qué significa esto? ¿Qué intentan expresar? ¡Culpan a Dios por las cosas malas que pasan! ¿Qué hay del diablo? Si Dios es el que lleva a cabo todos estos desastres, ¿qué hace el diablo todo el tiempo?

Siempre que ocurre algo malo, la gente dice: «Dios obra de manera misteriosa para llevar a cabo sus planes». En cierto modo, es cierto que para nosotros Dios es un ser misterioso pero su verdadera naturaleza se revela en la Palabra.

En Génesis capítulo uno, a Dios se lo conoce como «Elohim», el Creador del universo y el Creador de la naturaleza. En la vida de Abraham, Dios se revela como «El Shaddai». «El Shaddai» es el Dios que actúa contra la naturaleza y bendice a Abraham con un hijo en su vejez. Lo vemos como aquel que bendice a sus hijos dándoles larga vida y prosperidad.

¿Cómo es entonces que culpamos a Dios por todo lo malo que acontece? El diablo quiere que creas que Dios está luchando contra ti. ¡Sucede lo contrario! Dios es el mejor amigo que puedas tener. El Dios a quien sirves es el Dios de la bendición y la prosperidad. Si Dios no nos negó a Jesucristo, ¿qué cosas buenas dejará de concedernos?

> **El que no escatimó ni a su propio Hijo, sino que lo entregó por todos nosotros, ¿cómo no nos dará también con él todas las cosas?**
>
> **Romanos 8:32**

La Biblia presenta a Dios como el sol y el escudo que proporciona gracia y gloria. ¡En este momento Dios te está dando lo bueno en vez de lo malo! ¡Te está dando una vida gloriosa cuando la declaras y la reclamas!

Porque sol y escudo es Jehová Dios; gracia y gloria dará Jehová. No quitará el bien a los que andan en integridad.

Salmo 84:11

¿Dios intentó matar a Jesús?

Quiero que recuerdes una experiencia que tuvieron los discípulos con el Señor. Estaban en un bote tratando de cruzar el Mar de Galilea cuando se desató una tormenta. ¿Cuál fue la reacción de Jesús?

¿Se puso de pie y declaró: *«Dios obra de manera misteriosa para llevar a cabo sus planes»?*

¿Fueron sus palabras: *«No sé por qué Dios envió esta tormenta para matarme, pero seguro que Él está obrando su perfecta voluntad»?*

¡No, sino que reprendió a la tormenta!

... Despertando él, REPRENDIÓ al viento y a las olas; y cesaron, y se hizo bonanza.

Lucas 8:24

Si Dios fue el que envió la tormenta para hacer que Jesús y los discípulos murieran, entonces lo que Jesús hizo en realidad fue reprender a Dios. Al reprender la tormenta, Jesús estaba mostrando su desaprobación. Estaba impidiendo que los agentes de destrucción acortaran su vida y su ministerio. ¿Jesús reprendió a Dios? ¡Por supuesto que no! ¡La tormenta no fue una «ley de Dios» enviada para destruirlos!

La Biblia nos enseña que el ladrón o el diablo es el que viene a robar, matar y destruir.

El ladrón no viene sino para hurtar y matar y destruir; yo he venido para que tengan vida, y para que la tengan en abundancia.

Juan 10:10

¡Dios no vino a tu vida para destruirte! El Shaddai no viene para matarte. Está justo aquí en este momento para prolongar tu vida y extender tus días. Tu deber es conocer y creer que Dios es tu amigo que trata de ayudarte. En realidad, Dios es el mejor amigo que puedes tener.

... amigo hay más unido que un hermano.

Proverbios 18:24

¡El diablo es el que intenta avergonzarte y destruirte! Satanás es el que te ha rodeado de límites y barreras. Sin embargo hoy, mientras te levantas en el nombre de la fe para declararlo, reclamarlo y recibirlo, ¡veo a tus enemigos perecer!

Como Dios es un Dios tan bueno, Él quiere que declares tus bendiciones. Durante años, hemos creído que tener cosas buenas es pecado. Ser un cristiano santo significaba no ser nada y no tener nada. Sin embargo, Dios tiene un depósito lleno de bendiciones esperando para aquellos que creen. Es por eso que su Palabra dice que puedes pedir lo que desees y lo recibirás.

Por tanto, o digo que todo lo que pidiereis orando, creed que lo recibiréis, y os vendrá.

Marcos 11:24

Este versículo no dice: «Todo lo que *necesitan*». Tampoco: «Todo lo que *Dios desea para ustedes*». Dice: «Todo lo que *PIDIEREIS»*.

¡Léelo con voz alta y clara! Dios está diciendo que puedes tener lo que *deseas*. ¿Qué cosas anhelas? ¿Cuál es tu deseo? ¡Dios quiere que lo declares! ¡Dios quiere que lo pidas! **Muchos cristianos no obtienen respuestas a sus oraciones porque no piden.** A veces pensamos que si pedimos cosas buenas somos carnales. Sin embargo, la Biblia es muy clara al respecto.

… no tenéis lo que deseáis, porque no pedís.

Santiago 4:2

Si Dios no nos negó a Jesucristo, ¿qué cosas buenas no te dará? (Romanos 8:32)

Uno de los versículos que me encanta es Juan 15:7.

Si permanecéis en mí, y mis palabras permanecen en vosotros, pedid todo lo que queréis, y os será hecho.

Juan 15:7

Jesús nos estaba enseñando que Dios está listo para darnos lo que queramos. Dijo que debes pedir lo que deseas y no lo que Dios desea para ti. Dios conoce que tienes una voluntad. ¡Puedes elegir servirle a Él o no! Dios quiere trabajar con personas que hayan decidido servirle a Él y estén dispuestas a hacerlo.

El que seas cristiano no significa que ya no tengas una voluntad ni tampoco un deseo por ciertas cosas. Dios lo sabe y te anima a que te acerques a Él y le pidas lo que deseas. Esta es la Palabra de Dios.

Sin duda, existen algunas condiciones. Juan 15:7 revela que si permaneces en Él y sus palabras permanecen en ti, ¡puedes pedir lo que quieras! **Cuando permaneces en Cristo tus deseos se alinean con la Palabra de Dios.** Conocí al Señor años atrás. Mi deseo ahora es ganar más personas para Cristo. Deseo experimentar el crecimiento de la iglesia y las bendiciones del Espíritu Santo.

Alguno tal vez pregunte: «¿No te gustaría tener más dinero o más autos?». La respuesta es no. Si hubiese sido dinero lo que quería, simplemente habría ejercido la medicina en los Estados Unidos. Sería una manera sencilla de satisfacer el deseo de dinero.

El problema de muchas personas es que creen que es imposible tener más deseos espirituales que carnales. ¡No es así! Existe un cierto nivel de madurez espiritual en el que las cosas carnales ya no significan tanto para ti.

A medida que permanezcas en Cristo y su Palabra permanezca en ti, desearás cosas congruentes con la Palabra de Dios. Cuando las declares y las reclames, las recibirás.

Cuando tienes un corazón sano, el dinero y las riquezas no pueden destruirte. Todos los patriarcas que sirvieron al Señor fueron bendecidos con abundancia y riqueza. La prosperidad de Abraham, Isaac y Jacob con frecuencia causó temor y provocó los celos de sus vecinos. La Biblia cuenta que Abraham era muy rico. Dios lo había hecho rico. De hecho, en una ocasión, Abraham quiso que la gente de los alrededores supiera que ellos no habían sido los que habían contribuido con sus ganancias. Este fue el motivo que lo llevó a rechazar un gran regalo de parte del rey de Sodoma.

> **Y respondió Abram al rey de Sodoma: He alzado mi mano a Jehová Dios Altísimo, creador de los cielos y de la tierra, que desde un hilo hasta una correa de calzado, nada tomaré de todo lo que es tuyo, para que no digas: Yo enriquecí a Abram;**
>
> **Génesis 14:22-23**

Era evidente que Dios estaba prosperando a Abraham. Abraham sabía que su prosperidad venía de una fuente: El Shaddai. Recuerda que toda buena dádiva y todo don perfecto provienen de lo alto. Las riquezas de Abraham no destruyeron su fe en Dios. La Biblia deja en claro que lo que corrompe es el amor al dinero y no el dinero en sí.

> **Porque raíz de todos los males es EL AMOR al dinero…**
>
> **1 Timoteo 6:10**

A partir de hoy, comienza a declarar todas las cosas que deseas de tu Padre celestial. Él está a tu lado para responder a tu fe. *No te olvides que a Dios le agrada con la gente que crea en Él.*

Capítulo 4

¡Reclámalo!

«Reclamar» significa confesar tu fe con respecto a lo que deseas del Señor. Durante años, el tema de la confesión siempre ha girado en torno al pecado. No obstante, es importante que sepamos que la Biblia distingue cinco clase de confesiones y no solo una.

Cinco clases de confesiones

Confesar tus pecados al Padre

La primera clase de confesión es la confesión de tus pecados al Padre. Es un tipo de confesión bíblica muy conocido. **Es esencial que el cristiano confiese diariamente sus pecados a Dios.** La Biblia nos enseña que si creemos que no tenemos pecado nos engañamos a nosotros mismos y la verdad no está en nosotros. Todos tenemos pecado. No importa cuánto te esfuerces: el pecado es parte de nuestra carne y de nuestra mente. Eso explica por qué el versículo expresa que si decimos que no tenemos pecado en realidad nos estamos engañando a nosotros mismos.

> **Si decimos que no tenemos pecado, nos engañamos a nosotros mismos, y la verdad no está en nosotros. Si confesamos nuestros pecados, él es fiel y justo para perdonar nuestros pecados y limpiarnos de toda maldad.**
>
> **1 Juan 1:8-9**

Es peligroso pensar que estás sin pecado por mérito propio.

Comisión y omisión

Existen tres clases de pecado: los pecados de comisión, los pecados de omisión y los pecados del corazón. **Los pecados de comisión son las cosas que de hecho hacemos.** Son fáciles de reconocer y, por consiguiente, fáciles de confesar. Cuando tienes un mal pensamiento, sin duda sabes que has tenido un mal pensamiento. Es fácil de reconocer y de confesarlo a Dios.

Los pecados de omisión son aquellas cosas que no hacemos. Existen cosas que se supone que debemos hacer y no las hacemos.

Y al que sabe hacer lo bueno, y no lo hace, le es pecado.

Santiago 4:17

Tal vez Dios quiere que ganes a alguien para Cristo y fallas en hablarle del evangelio. Eso es un pecado de omisión. Quizás Dios quería que oraras y fallaste en hacerlo. Quizás Dios quería que apoyaras su obra en lo económico y no lo hiciste. Puede incluso que no seas consciente de que estás pecando. Por eso necesitas confesar tus pecados con frecuencia.

Los pecados del corazón

Más difíciles de reconocer todavía son los pecados del corazón. Lo que a menudo no reconocemos es cuán profundo es el corazón del ser humano. Hay momentos en que tu corazón está lleno de maldad y ni siquiera eres consciente de ello. Por eso el salmista exclamó: «Examíname, oh Dios, y conoce mi corazón…». David quería que Dios quitara lo malo de su corazón. A veces el corazón está lleno de orgullo y rebelión y ni siquiera lo sabemos. Sin embargo, Dios mira el corazón.

Y Jehová respondió a Samuel: ... el hombre mira lo que está delante de sus ojos, pero JEHOVÁ MIRA EL CORAZÓN.

1 Samuel 16:7

El clamor del salmista es para todos nosotros una oración de gran valor.

Examíname, oh Dios, y conoce mi corazón; pruébame y conoce mis pensamientos; y ve si hay en mí camino de perversidad, y guíame en el camino eterno.

Salmos 139:23-24

¿Por qué el rey David quería que Dios mirara su corazón? ¿Acaso no podía ver si había maldad dentro de él? ¡Tal vez no! A veces ni siquiera nos conocemos nosotros mismos. Nadie conoce los Toyota como la gente que los fabrica. Nadie conoce los Ford como la gente que fabrica los autos Ford. Nadie te conoce como el Dios que te hizo. ¡El creador conoce lo creado mejor que nadie!

Confesar las ofensas unos a otros

La segunda clase de confesión es la confesión de las ofensas unos a otros. Pese a que la confesión de los pecados al Padre trae como resultado el perdón, hay veces en que es necesario tratar tus problemas con alguien más. El confesar tus faltas a otra persona no tiene como fin recibir el perdón. El perdón viene del Padre cuando confiesas tus pecados.

Hay momentos en que necesitamos sanidad y restauración interior. Hablar de estas cosas y confesarlas en voz alta contribuye a la sanidad y a que finalmente puedan superarse las heridas emocionales ocasionadas por el pecado.

La versión Reina Valera de Santiago 5:16: dice: «Confesaos vuestras ofensas unos a otros … para que seáis sanados…». La Amplified Bible (Biblia Versión Amplificada, en inglés), agrega las siguientes aclaraciones que arrojan más luz sobre el mismo versículo.

> **CONFESAOS vuestras ofensas [deslices, pasos en falso, pecados, errores] UNOS A OTROS, y orad unos por otros, PARA QUE SEÁIS SANADOS Y RESTAURADOS [a determinado nivel espiritual de la mente y el corazón]…**
>
> **Santiago 5:16**
> **(traducción libre de la Biblia Amplificada)**

Todos necesitamos ser restaurados a determinado nivel espiritual de la mente y el corazón. Cuando cometes un error, necesitas restauración. La restauración es el resultado de confesar las faltas unos a otros. Por supuesto, si le cuentas tu problema a la persona equivocada solo traerá complicaciones.

He visto que las personas experimentan sanidad y restauración permanentes por medio de este segundo tipo de confesión.

Confesar a Cristo para obtener la salvación

El tercer tipo de confesión relevante es la confesión de nuestra fe en Jesús para recibir la salvación.

Si CONFESARES CON TU BOCA que Jesús es el Señor, y creyeres en tu corazón que Dios le levantó de los muertos, serás salvo.

Romanos 10:9

Contrariamente a la opinión tradicional, la confesión de pecados no es lo que conduce a la salvación, sino la confesión de Cristo como Señor y Salvador. **La confesión de los pecados y el arrepentimiento genuino son importantes, pero la Biblia deja en claro que es la confesión de Jesucristo como Señor y Salvador lo que lleva a la salvación del alma.**

Siempre que conduces a alguien a Cristo, además de lo que digas, asegúrate de que la persona sea guiada a confesar a Jesucristo como Señor y Salvador.

Confesar nuestra fe

Mantengamos firme, sin fluctuar, la profesión [confesión] de nuestra esperanza...

Hebreos 10:23

La palabra que en la versión Reina Valera se traduce como profesión deriva del griego *homologia*, que significa «asentir». A veces se la traduce como «profesión» o «confesión».

Como cuerpo de Cristo, existen elementos que constituyen la base de nuestra fe. La fe cristiana puede ser confesada o profesada. Podemos hablar en voz alta y declarar qué es lo que creemos. Lo que se conoce como el Credo apostólico es un buen ejemplo de la confesión de nuestra fe. Es bueno decirlo ya que constituye la base de lo que creemos como cristianos. Prácticamente cada línea de este credo encierra un profundo significado.

El Credo apostólico

Creo en Dios Padre todopoderoso, creador del cielo y de la tierra; y en Jesucristo, su único Hijo, nuestro Señor; que fue concebido por obra y gracia del Espíritu Santo, nació de la virgen María, padeció bajo el poder de Poncio Pilatos; fue crucificado, muerto y sepultado; descendió a los infiernos; al tercer día resucitó de entre los muertos; subió al cielo, y está sentado a la diestra de Dios Padre todopoderoso; y desde allí ha de venir a juzgar a los vivos y a los muertos.

Creo en el Espíritu Santo, la Santa Iglesia católica (universal), la comunión de los santos, el perdón de los pecados, la resurrección de los muertos y la vida eterna. Amén.

Verás que creemos que Jesús nació de una virgen y no solo de una «joven» como algunos afirman hoy. ¡Hay diferencia entre una virgen y una «joven»!

Esta confesión también declara que Jesús sufrió bajo el poder de Poncio Pilatos.

Poncio Pilatos es la única otra persona que aparece en esta declaración. Trató de lavarse las manos del asesinato de Jesús pero la iglesia no permitió que esto sucediera. Por eso aparece su nombre aquí. ¡Nunca olvidaremos cómo mató a Jesús!

Esto me recuerda a algunas autoridades de hoy. Se comportan igual que Poncio Pilatos y se niegan a hacer lo correcto. ¡No pueden lavarse las manos! Un día cuando se escriban los libros de historia, se dirá que la iglesia sufrió bajo el mando de tales personas. Querido amigo: ten cuidado, ¡no puedes lavarte las manos tan fácilmente!

Esta confesión también habla de que Jesús se levantó de los muertos. La fe descansa en este gran hecho histórico. Su resurrección es lo que distingue a Cristo de cualquier otro líder religioso. ¡La tumba está vacía! No hay sitio tan reverenciado como la tumba de Cristo. ¡Sus seguidores sabían que Él se había levantado de aquel lugar!

Otra porción importante de esta confesión es que Jesús volverá para juzgar a los vivos y a los muertos. Cuando declaramos esta confesión, nos recordamos del juicio venidero. Nos recordamos del día en que daremos cuentas. Declaramos que Jesús descenderá del cielo para juzgar al mundo. ¡Suena absurdo! Solo un loco creería algo semejante, pensarán algunos. Sin embargo, ¡en eso consiste la fe cristiana! Y cuando decimos estas cosas, confirmamos nuestra fe.

Por último, proclamamos que creemos en la iglesia y en la comunión (compañerismo) de los santos. Creemos en pasar tiempo en comunión con otros cristianos. Confesamos que nos alegra asistir a la iglesia. Disfrutamos de la compañía de otros cristianos.

Esta es la confesión de nuestra fe. Debemos repetirla para hacernos recordar qué es lo que realmente creemos. Al declarar nuestra fe, esta se convierte en algo real para nosotros.

Dios quiere que digamos cosas que concuerden con nuestra fe. **Nuestras palabras deben confirmar las creencias del corazón.** ¡Proclamar lo que crees muestra que el espíritu de fe está obrando en tu vida! Cuando una persona tiene un espíritu de borrachera, bebe mucho y a menudo está ebrio. Cuando una persona tiene un espíritu de inmoralidad, participa de actos inmorales. Cuando una persona tiene un espíritu de fe, confiesa las cosas positivas que cree.

> **Pero teniendo el mismo ESPÍRITU DE FE, conforme a lo que está escrito: Creí, por lo cual hablé, NOSOTROS TAMBIÉN CREEMOS, POR LO CUAL TAMBIÉN HABLAMOS.**
>
> **2 Corintios 4:13**

Confesar algo específico

Recuerda que, al hacer una confesión, tomas tu lugar en Cristo y en el cielo. También ocuparás tu lugar en esta vida cuando con osadía confieses lo que deseas del Señor. Es hora de levantarse y reclamarlo. Es hora de levantarse y pronunciarlo en voz alta. Declara que tendrás una larga vida. Declara que eres imbatible e indestructible para el diablo. ¡Declara que eres invencible, irreducible, intocable e inmortal antes de los setenta años!

¿Qué se pierde al hablar con osadía? En vez de dejar que los pensamientos de miedo y de pánico destruyan tu mente, declara que Satanás no puede avergonzarte ni limitarte en esta vida. ¡Declara que eres saludable, bendecido, próspero y rico! ¿Qué puedes perder?

¡Abre tu boca y declara que tus enemigos son avergonzados y desilusionados! Proclama que Dios te ha dado lo bueno en vez de lo malo. ¡A partir de hoy tu vida será maravillosa! ¡A partir de hoy tendrás un matrimonio y un trabajo estupendos! ¡Declara que la hermosura será la característica de todo lo que emprendas! No mires los sucesos aterradores que te rodean. Si parece que caen mil a tu izquierda y diez mil a tu derecha, declara que eso no te sucederá a ti. Cuando declaras tu fe, no tienes nada que perder. ¡Proclámalo, porque es el espíritu de fe obrando!

Evalúa tu nivel de fe

Las declaraciones que hagas en la vida son las pruebas que nos permiten evaluar tu nivel de fe. La Biblia afirma que hablas porque crees. Esto significa que tus declaraciones son el resultado directo de tu nivel de fe. Si quieres evaluarte, escucha las proclamaciones y las declaraciones que haces. Cuanto más grandes sean tus declaraciones, más grande será tu fe. **¡Una fe grande produce grandes declaraciones!**

¡Es hora de hablar de una vida extensa! ¡Es hora de hablar del poder de la sanidad! ¡Es hora de declarar la manera en que Dios te ha prosperado por medio de la fe! ¡Es hora de declarar que eres fructífero en la viña del Señor! ¡Reclama tu lugar entre los generales de Dios!

¡Reclama tu lugar dentro del glorioso ejército de Dios! ¡Declara que eres uno de los árboles de justicia que el Señor plantó! No tengas miedo de caer. ¡Declara que permanecerás de pie y que no caerás!

Puedes tener lo que digas

¿Es cierto que puedes tener lo que digas? ¡Sí! De hecho, estás viviendo lo que has dicho con tu boca. Marcos 11:23-24 afirma que las montañas responderán a tus dichos. Empieza a proclamar cosas grandes, porque tienes un Dios grande. ¡Dilas con seguridad! Este es el modo de hacer una declaración. ¡Es hora de declararlo, reclamarlo y recibirlo!

No prestes atención a los que dudan. Siempre habrá oposición. Siempre habrá alguien que comenta u objeta.

Fíjate cuántas veces se repite en este versículo la palabra «decir».

> **Porque de cierto os digo que cualquiera que *dijere* a este monte: Quítate y échate en el mar, y no dudare en su corazón, sino creyere que será hecho lo que *dice*, lo que *diga* le será hecho. Por tanto, os *digo* que todo lo que pidiereis orando, creed que lo recibiréis, y os vendrá.**
>
> **Marcos 11:23-24**

Aparece cinco veces. Dios está diciendo que tendrás lo que digas. ¡La promesa no es que tendrás lo que piensas! El versículo no promete que tendrás lo que esperas. ¡Promete que tendrás lo que digas!

Entra a la presencia de Dios como un niñito ahora mismo y recibe grandes cosas al reclamar tus bendiciones. ¡Eres quien dices que eres! ¡Y puedes hacer lo que dices que puedes hacer! ¡Eres precioso porque así te hizo Dios! ¡Eres exitoso porque lo dices! ¡Eres sabio e inteligente porque eso es lo que reclamas ser!

«Ay, pastor, ¿es así de simple?» ¡Que sea sencillo depende de ti!

No puedes experimentar ninguna de las bendiciones del reino de Dios a menos que entres en él como un niño. Si vives en África, te verás rodeado de muchos problemas sin solución. En este gran continente, se viven muchas circunstancias desalentadoras. Hoy te ofrezco una respuesta que no se encuentra por medio del gobierno ni de los políticos. ¡La clave para obtener la bendición es declararla, reclamarla y recibirla!

Pablo afirmó que podía hacer todas las cosas por medio de Cristo. Yo también creo que puedo hacer todas las cosas por medio de Cristo que me fortalece. Nunca digas: «¡No puedo!» Tendrás lo que digas. Experimentarás lo que digas. No estoy diciendo que no seas realista. Estoy diciendo que practiques tu fe. Me considero una persona muy realista, pero ejercito continuamente mi fe.

Es fundamental equilibrar el manejo de ciertas realidades con el ejercicio de la fe.

Tal vez tengas que tomar un medicamento para seguir con vida, lo cual no significa que no tengas fe. Puedes ejercitar la fe a medida que tomas la medicación declarando sin cesar tu fe y la victoria sobre la enfermedad. Recuerda: tendrás lo que digas.

El apóstol Pablo fue el mayor maestro de la fe, aunque también fue un hombre práctico. Le aconsejó a Timoteo que no bebiera agua sino que tomara un poco de vino para sus molestias estomacales y otras enfermedades.

> **Ya no bebas agua, sino usa de un poco de vino por causa de tu estómago y de tus frecuentes enfermedades.**
>
> **1 Timoteo 5:23**

¡El poder de la lengua!

¿Sabías que tu lengua tiene poder? ¡Y no un poder común! El poder de la vida y de la muerte están en la lengua.

> **La muerte y la vida están en poder de la lengua, y el que la ama comerá de sus frutos.**
>
> **Proverbios 18:21**

¡Debes explotar el gran poder de la lengua declarando y reclamando! Reclama la victoria sobre la oscuridad. ¡Pronuncia la libertad de los espíritus de inferioridad y autocompasión! ¡Puedes hacer todas las cosas en Cristo que te fortalece! ¡Declara que has superado los demonios de la preocupación y de la ansiedad! ¡Eres libre de los nervios y de los dolores de cabeza! ¡La locura y la depresión no tienen poder sobre tu vida!

¡Te veo prosperando en todo lo que haces! **¡El poder de la riqueza y de la abundancia descansa en tu capacidad de reclamarlas!** Es hora de que te levantes y te declares libre del cáncer y de la enfermedad. Reclama una vida saludable y duradera en el nombre de Jesús. Eres libre de maldiciones genéticas y demoníacas.

Conversar y ordenar

El poder de la vida está en la lengua. Existen dos clases de confesiones o proclamaciones: *confesiones conversacionales* y *confesiones autoritarias*.

Debes tener cuidado con lo que dices, incluso en una conversación informal. A menudo es en una conversación informal donde declaras lo que crees en verdad. Otras veces, puedes hacer confesiones autoritarias premeditadas. En estos enunciados de mando, anuncias logros y victorias por medio de confesiones conscientes y predeterminadas. Ambas clases de confesiones (conversacionales y autoritarias) tienen poder.

¡Una trampa es una trampa! Ya sea que metas el pie con intención o sin intención, no interesa. La trampa cumplirá su función y atrapará tu pierna. Debes saber a partir de hoy que serás preso (atrapado) de tus palabras, las pronuncies con o sin intención.

> **Te has enlazado con las palabras de tu boca, y has quedado preso en los dichos de tus labios.**
>
> **Proverbios 6:2**

Recuerdo la manera en que un pariente lejano hablaba en broma acerca de una espinilla en su rostro. Señalaba la espinilla y decía: «Esto es cáncer». Evidentemente, no tenía la intención de contraer cáncer en la cara. Unos años después a este mismo hombre le apareció un cáncer en el rostro y finalmente murió.

Eres esclavo de tus palabras. No digas cosas porque sí.

De una misma boca proceden bendición y maldición. Hermanos míos, esto no debe ser así.

Santiago 3:10

Creo que la mayoría de las personas piensa que la lengua es un miembro del cuerpo diminuto e insignificante. No obstante, debes darte cuenta de que tiene el mismo poder que el pequeño timón que controla los grandes barcos.

He andado en caballos de carrera africanos de gran resistencia. Esta clase de caballos tiene el poder y la fuerza para correr kilómetros a alta velocidad. Aún así, yo era capaz de controlar estos grandes caballos con pequeños tironcitos del freno.

La vida es compleja e importante, pero puedes controlarla con la lengua. ¡Declara que tus bendiciones son permanentes! ¡Proclama en el nombre de Jesús que progresarás en esta vida! ¡Agradécele abiertamente al Señor porque nada que se levante contra ti prosperará! ¡Declara que sigues marchando! ¡Te veo avanzando y que las puertas del infierno no pueden detenerte! ¡Te veo libre del poder del pecado, la vergüenza y la desgracia!

Es hora de formar tu mundo

Por la fe entendemos que el universo fue formado por la palabra de Dios, de modo que lo visible no provino de lo que se ve.

Hebreos 11:3 (NVI)

Algunas personas se preguntan cómo es que este mundo llegó a existir. Deja de indagar y lee la Biblia. Dios creó al mundo mediante el poder de la Palabra hablada.

Sencillamente dijo: «Sea...» y ¡así fue! Trajo el mundo a la existencia con la palabra pronunciando cosas simples pero poderosas: «Sea la luz...» y ¡fue la luz!

Dijo Dios: Produzcan las aguas seres vivientes...

Génesis 1:20

Dios les ordenó a las aguas que dieran frutos: las aguas no tuvieron otra opción más que dar frutos. Dios quiere que lo imitemos. Efesios 5:1 nos exhorta a que seamos imitadores de Dios. Eso significa que debemos ser santos, porque Dios es santo. Eso significa que debemos ser rectos, porque imitamos a un Dios recto. **También significa que debemos formar nuestro mundo haciendo declaraciones.**

¡Que haya felicidad en mi hogar! ¡Que abunden toda clase de cosas en mi vida! ¡Que mi copa rebose! ¡Que mis hijos tengan muchos años de vida y prosperen! ¡Que mi cuerpo se mantenga saludable y viva muchos años! ¡Que mis enemigos sean esparcidos como la paja que arrastra el viento! ¡Que mis enemigos se marchiten y se extingan! ¡Que las veredas torcidas de mi vida sean enderezadas! ¡Que la pobreza huya de mi hogar! ¡Que la rectitud caracterice mi vida! ¡Que a partir de hoy, la santidad sea parte de mi vida! ¡Que lleve frutos! ¡Que agrade a Dios en todo lo que haga!

¡Imita a Dios en el aspecto de ordenar, proclamar, anunciar e insistir con respecto a tus bendiciones! Empieza a imitar a tu Padre celestial confesando, declarando, exigiendo, manteniendo, afirmando y pronunciando un logro. Es la clase de fe que proviene de Dios.

¿Sabías que puedes hablarles a objetos que no tienen oídos físicos y ellos responderán?

Jesús lo hacía todo el tiempo. Una vez habló a una higuera diciendo:

Nunca jamás coma nadie fruto de ti.

Marcos 11:14

Jesús les habló al viento y al mar. ¿El mar tiene oídos? La respuesta es no, ¡pero puede responder a tus mandatos de fe!

Y levantándose, reprendió al viento, Y DIJO AL MAR: Calla, enmudece. Y cesó el viento, y se hizo grande bonanza.

Marcos 4:39

En cierta ocasión, Jesús incluso le habló a un muerto. Le ordenó que escuchara. Interrumpió la procesión funeraria y volvió a la vida al joven en la ciudad de Naín.

Y acercándose, tocó el féretro; y los que lo llevaban se detuvieron. Y dijo: JOVEN, A TI TE DIGO, LEVÁNTATE. Entonces se incorporó el que había muerto...

Lucas 7:14-15

¡Te veo ordenándole a tu negocio muerto que resucite! ¡Declara la victoria de Jehová sobre tu negocio! ¡Háblale a tu cuenta bancaria y dile que vuelva a vivir! ¡Anuncia a cada montaña que se te interponga que tendrá que moverse! ¡Afirma que cualquier situación imposible será posible! ¡Insiste en que todos los días la victoria es tuya, a pesar de lo que veas o sientas! ¡Caminamos por fe y no por vista!

Por fe andamos, no por vista;

2 Corintios 5:7

Decir y proclamar no es lo mismo que ver y sentir. No vivimos por lo que sentimos. Los sentimientos son reales, pero Dios no nos pidió que anduviésemos según ellos. Debemos vivir por fe. Abraham, el padre de la fe, creyó que tendría un hijo. A pesar de lo que sentía, ¡llamó lo que no era como si fuera!

(como está escrito: Te he puesto por padre de muchas gentes) delante de Dios, a quien creyó, el cual da vida a los muertos, y LLAMA LAS COSAS QUE NO SON, COMO SI FUESEN.

Romanos 4:17

Sé que hay muchas cosas que no parecen concordar con la realidad. Dios no te pide que seas realista; te pide que andes por fe. Dios te dice que creas en su Palabra. Nunca volverás a ser el mismo una vez que hayas aplicado estas leyes a tu vida.

En la parte que sigue, quiero mencionarte algunas verdades bíblicas que debes declarar y reclamar.

Capítulo 5

¡Yo soy! ¡Yo tengo! ¡Yo puedo!

Cuando se trata de declarar y reclamar, lo más importante es que te aferres a la Palabra de Dios. Dios no respaldará enunciados ridículos e infantiles. Tu padre terrenal no te tomaría en cuenta si proclamaras ciertos sucesos poco viables y contrarios a la realidad. Si pasas el tiempo confesando fantasías ridículas, ¡ni siquiera el diablo te prestará atención!

¡NO eres la reina de Inglaterra, por lo tanto no tiene sentido que te pases el tiempo diciendo que lo eres! ¡NO soy el príncipe de Gales, por tanto no hay necesidad de proclamar eso! Dios no me ha dicho en su Palabra que quiere que sea un astronauta; por tanto ¡no confesaré cosas absurdas que no sucederán! ¡Tampoco tú deberías hacerlo! Una vez que estás afirmado en la Palabra de Dios, significa que estás en terreno seguro.

> **De cierto, de cierto os digo: No puede el Hijo hacer nada por sí mismo, sino lo que ve hacer al Padre; porque todo lo que el Padre hace, también lo hace el Hijo igualmente.**
>
> **Juan 5:19**

Existen tres cosas que puedes afirmar con seguridad. Puedes confesar lo que eres en Cristo, lo que tienes en Cristo y lo que puedes hacer en Cristo.

Veamos algunas de las cosas que la Palabra de Dios expone claramente. Quiero que confirmes y seas testigo del hecho de que eres lo que la Biblia dice que eres. Quiero que declares lo que la Biblia dice que eres capaz de hacer. Quiero que insistas ante todos sin excepción en que tienes lo que la Biblia dice que tienes.

LO QUE SOY

Soy nacido de nuevo

Que si confesares con tu boca que Jesús es el Señor, y creyeres en tu corazón que Dios le levantó de los muertos, SERÁS SALVO [nacido de nuevo].

Romanos 10:9

Soy una nueva criatura

De modo que si alguno está en Cristo, NUEVA CRIATURA ES; las cosas viejas pasaron; he aquí todas son hechas nuevas.

2 Corintios 5:17

Estoy completo

Porque en él habita corporalmente toda la plenitud de la Deidad, y VOSOTROS ESTÁIS COMPLETOS en él, que es la cabeza de todo principado y potestad.

Colosenses 2:9-10

Soy librado

El cual NOS HA LIBRADO de la potestad de las tinieblas, y trasladado al reino de su amado Hijo,

Colosenses 1:13

Soy libre

Estad, pues, firmes en la libertad con que CRISTO NOS HIZO LIBRES…

Gálatas 5:1

Soy bendecido

Bendito sea el Dios y Padre de nuestro Señor Jesucristo, QUE NOS BENDIJO con toda bendición espiritual en los lugares celestiales en Cristo,

Efesios 1:3

Como TODAS LAS COSAS que pertenecen a la vida y a la piedad NOS HAN SIDO DADAS POR SU DIVINO PODER, mediante el conocimiento de aquel que nos llamó por su gloria y excelencia,

2 Pedro 1:3

Soy heredero

Así que ya no eres esclavo, sino hijo; y si hijo, también HEREDERO DE DIOS por medio de Cristo.

Gálatas 4:7

Soy rey

Y nos hizo REYES y sacerdotes para Dios, su Padre…

Apocalipsis 1:6

Soy justicia de Dios

Al que no conoció pecado, por nosotros lo hizo pecado, PARA QUE NOSOTROS FUÉSEMOS HECHOS JUSTICIA DE DIOS en él.

2 Corintios 5:21

Teniendo en cuenta estos versículos, tienes el derecho de hacer estas declaraciones. Déjame decirte que tu fe será más efectiva y poderosa a medida que confieses estas verdades que se ajustan a la Palabra de Dios.

Muchos cristianos quieren saber cómo tener una fe eficaz. **La fe eficaz es la fe que confiesa.** La fe eficaz es la fe que hace expresa lo que proclama. Pensar o soñar no es suficiente: ¡debes expresarlo en voz alta! Es un principio eterno de la Palabra de Dios.

Considera este asombroso versículo en el libro de Filemón.

Para que la participación de tu FE SEA EFICAZ en el conocimiento de todo el bien que está en vosotros por Cristo Jesús.

Filemón 6

La fe se vuelve eficaz cuando reconoces y confirmas las cosas buenas que están en ti por medio de Cristo.

LO QUE TENGO

Tengo todas las cosas

Como TODAS LAS COSAS que pertenecen a la vida y a la piedad nos han sido dadas por su divino poder, mediante el conocimiento de aquel que nos llamó por su gloria y excelencia,

2 Pedro 1:3

Tengo dominio

Y dijo: «Hagamos al ser humano a nuestra imagen y semejanza. Que tenga DOMINIO…

Génesis 1:26 (NVI)

Tengo los deseos de mi corazón

Deléitate en el Señor, y ÉL TE CONCEDERÁ LOS DESEOS DE TU CORAZÓN.

Salmos 37:4 (NVI)

Tengo un espíritu de poder, de amor y de dominio propio

Porque no nos ha dado Dios espíritu de cobardía, sino de PODER, de AMOR y de DOMINIO PROPIO.

2 Timoteo 1:7

Tengo las bendiciones de Abraham

Cristo nos redimió de la maldición de la ley, hecho por nosotros maldición (porque está escrito: Maldito todo el que es colgado en un madero), para que en Cristo Jesús LA BENDICIÓN DE ABRAHAM ALCANZASE A LOS GENTILES, a fin de que por la fe recibiésemos la promesa del Espíritu.

Gálatas 3:13-14

Tengo al más Grande en mí

... MAYOR ES EL QUE ESTÁ EN VOSOTROS, que el que está en el mundo.

1 Juan 4:4

Tengo el poder de Dios obrando a través de mí

Mas para los llamados, así judíos como griegos, Cristo PODER DE DIOS, y sabiduría de Dios.

1 Corintios 1:24

Tengo la sabiduría de Cristo operando a través de mí

Mas para los llamados, así judíos como griegos, Cristo poder de Dios, y SABIDURÍA DE DIOS. Mas por él estáis vosotros en Cristo Jesús, el cual nos ha sido hecho por Dios SABIDURÍA, justificación, santificación y redención...

1 Corintios 1:24, 30

Los versículos que estás leyendo constituyen la base legal y escritural para hacer estas confesiones. **Puedes declarar estas cosas una y otra vez porque están basadas en la Biblia.** No son las palabras de un soñador irresponsable. Son las palabras de un cristiano lleno de fe.

En Lucas 7, cuando Jesús se encuentra con el centurión cuyo siervo estaba enfermo se maravilló al ver la mucha fe dc este hombre. El centurión dijo: «No vengas a mi casa. ¡Quédate donde estás y solo dilo!»

Le dijo: «Dí la palabra, y mi siervo será sano». Tenía fe en la Palabra de Dios hablada. Gracias a Dios por lo que está escrito. Sin embargo, es hora de hablar. ¡Es hora de declararlo y de reclamarlo!

LO QUE PUEDO

¡Todo lo puedo!

TODO LO PUEDO en Cristo que me fortalece.

Filipenses 4:13

¡Puedo reinar en vida!

... mucho más REINARÁN EN VIDA por uno solo, Jesucristo, los que reciben la abundancia de la gracia y del don de la justicia.

Romanos 5:17

¡Puedo hacer mayores obras que las que hizo Jesús!

De cierto, de cierto os digo: El que en mí cree, las obras que yo hago, él las hará también; Y AUN MAYORES HARÁ, porque yo voy al Padre.

Juan 14:12

¡Puedo echar fuera demonios!

Y estas señales seguirán a los que creen: En mi nombre ECHARÁN FUERA DEMONIOS...

Marcos 16:17

¡Puedo sanar al enfermo!

Y estas señales seguirán a los que creen ... SOBRE LOS ENFERMOS PONDRÁN SUS MANOS Y SANARÁN.

Marcos 16:17-18

¡Puedo vencer esta montaña!

Porque todo lo que es nacido de Dios VENCE AL MUNDO; y esta es la victoria que ha vencido al mundo, nuestra fe.

1 Juan 5:4

¡Puedo lograrlo!

Porque todo lo que es nacido de Dios vence al mundo; y ESTA ES LA VICTORIA que ha vencido al mundo, nuestra fe.

1 Juan 5:4

Pablo oró por los cristianos de Éfeso, para que el Señor les abriera los ojos y vieran las riquezas de su herencia. En otras palabras, Dios quiere que sus hijos vean cuán grande es la herencia que les ha dado. A partir de hoy, ¡quiero que veas las riquezas de tu herencia! ¡Quiero que aceptes que todas estas cosas son reales! Repítelas una y otra vez.

Hay algunas personas que creen que el mensaje de fe pasó de moda. Estas cometiendo un grave error si intentas dejar de lado la fe. Jesús dijo: «Esto era necesario hacer, sin dejar de hacer aquello» (Mateo 23:23).

El mensaje de fe, ¿está fuera de moda?

Cada vez que los cristianos encuentran un mensaje nuevo, a menudo abandonan el mensaje anterior. Si dejas de lado la fe, verás que volverás a recogerla. No hay vida cristiana victoriosa sin fe. Todos los días hago confesiones positivas sobre mi vida. Con denuedo confieso lo fructífero que soy en el reino. Creo en Dios para estas cosas y es lo que veo a diario.

¡Veo que te levantas en bendición! ¡Veo que te pareces cada vez más a Cristo y te vuelves más glorioso! ¡Eres quien Dios dice que eres! ¡No eres un fracaso! ¡No eres una desgracia! ¡No hay deshonra en tu vida!

¡Dios te ha levantado y te ha promovido! ¡Tus enemigos serán esparcidos como la paja que arrastra el viento! ¡Veo que Dios te enriquece! ¡Todo lo que toques será bendecido! ¡Veo tu negocio crecer! ¡Veo tu familia crecer! ¡Tu prosperidad se ha multiplicado como el polvo de la tierra! ¡Tus bendiciones se han multiplicado como las estrellas del cielo! ¡Has aumentado hasta ser como la arena a la orilla del mar!

¡No eres una persona común! ¡Eres un campeón! ¡Eres un verdadero campeón! ¡Puedes ganar! ¡Dios fortalecerá tu mano derecha para conquistar al enemigo! ¡A partir de hoy, no tengas miedo: el diablo es el que tiene miedo! ¡Levántate y háblale a la iglesia que pastoreas! ¡Háblale a las sillas vacías y ordénales que se llenen! ¡Estás ungido! ¡Estás lleno y no vacío!

¡Ordénale a tu inteligencia que responda a tus confesiones! ¡Ordénales a tus decisiones que se alineen con tus declaraciones! ¡Puedes ganar! ¡Eres una persona exitosa de verdad!

¡Te veo con el éxito de David y Salomón! ¡Disfruta las bendiciones de El Shaddai! ¡Las bendiciones del seno son tu porción! ¡A partir de hoy no tendrás necesidad porque el Señor escuchó tu clamor!

Declara que recibes el ciento por ciento de las respuestas a tus oraciones. Declara que eres un buen esposo o esposa. Manifiesta en tu confesión que las peleas no son parte de tu matrimonio.

Háblales a tus hijos. Llámalos benditos. Llámalos ángeles. ¡Llámalos ungidos! ¡Declara frente a tu viejo automóvil: eres nuevo y una bendición para mí!

¡Veo que Dios abre tus oídos ahora! ¡Oirás la voz de Dios cada vez que ores! ¡Tienes respuestas a tus oraciones!

Dios te ha dado entendimiento y revelación. Todas tus decisiones se caracterizan por la sabiduría y la inteligencia. ¡Mayor es el que está en ti que el que está en el mundo!

Capítulo 6

¡Como recibirlo!

Esfuérzate y sé valiente; porque tú repartirás a este pueblo por heredad la tierra de la cual juré a sus padres que la daría a ellos. Nunca se apartará de tu boca este libro de la ley, sino que de día y de noche meditarás en él, para que guardes y hagas conforme a todo lo que en él está escrito; porque entonces harás prosperar tu camino, y todo te saldrá bien.

Josué 1:6-8

Josué era el general del ejército que conquistó la tierra prometida. Si quieres entrar a tu posesión, estudia la vida de Josué y sigue su ejemplo.

Se le dijo a Josué que fuera fuerte y muy valiente. Se le dijo que meditara en la Palabra de Dios. Todo esto lo prepararía para obedecerla. «Reclamar lo que a uno le pertenece» significa comportarse según la Palabra de Dios. Significa actuar de acuerdo con la fe y por lo tanto, poseer la tierra.

Se necesita valor para actuar de acuerdo con la fe. Por eso Dios le ordenó a Josué que fuera fuerte y muy valiente. Se necesita valor para hacer un llamado al altar.

Se necesita valor para orar por el enfermo. ¿Qué pasa si nadie se sana? Allí es donde entra en juego el valor.

Si quieres prosperidad financiera, debes obedecer la Palabra de Dios que te dice que debes trabajar duro.

Gálatas 6:7 nos enseña que cosechamos lo que sembramos. Todo lo que siembres, cosecharás hasta treinta, sesenta o cien veces más.

No os engañéis; Dios no puede ser burlado: pues todo lo que el hombre sembrare, eso también segará.

Gálatas 6:7

Proverbios 6:6-8 nos dice que las hormigas son prósperas.

Ve a la hormiga, oh perezoso, mira sus caminos, y sé sabio; la cual no teniendo capitán, ni gobernador, ni señor, prepara en el verano su comida, y recoge en el tiempo de la siega su mantenimiento.

Proverbios 6:6-8

Se ocupan de sus negocios y trabajan sin supervisión. Si en verdad quieres la prosperidad financiera que estás confesando, entonces debes decidirte a trabajar sin supervisión, tal como lo hace la hormiga. ¿Quieres experimentar un gran avance económico? No basta con confesar grandes cosas. Debes obedecer la Palabra de Dios.

Debes obedecer la Palabra de Dios que te instruye a dar el diezmo y la ofrenda en forma regular.

Cada primer día de la semana cada uno de vosotros ponga aparte algo, según haya prosperado, guardándolo, para que cuando yo llegue no se recojan entonces ofrendas.

1 Corintios 16:2

TRAED TODOS LOS DIEZMOS al alfolí y haya alimento en mi casa; y probadme ahora en esto, dice Jehová de los ejércitos, si no os abriré las ventanas de los cielos, y DERRAMARÉ SOBRE VOSOTROS BENDICIÓN hasta que sobreabunde.

Malaquías 3:10

Sin el diezmo y sin la ofrenda, las confesiones que hagas con respecto a la prosperidad serán inútiles. ¡Será como si repitieras la antigua canción infantil: «Brilla, brilla estrellita. Estrellita, ¿dónde estás? Quiero verte titilar, en el cielo, allá arriba, como un diamante de verdad»!

Cuando Dios decida honrar tus confesiones y venga a la tierra con tus bendiciones, estará buscando tu semilla. Dios estará buscando la semilla que plantaste para que Él pueda bendecirte de manera sobrenatural. Pero si no hay semilla, ¿qué puede bendecir Dios? No tiene con qué trabajar.

No es suficiente declararlo y reclamarlo. Debes dar un paso más y obedecer la Palabra de Dios. ¡Así es como se recibe! Debes actuar según la fe. Cada vez que das dinero a Dios, es un acto de fe. El dinero no es una piedra. Es una semilla. Germinará y dará mucho fruto.

El Señor honra la generosidad. Cuando Dios ve tus actos de generosidad que confirman el reclamo de la prosperidad, Él derramará de manera sobrenatural sus bendiciones sobre ti.

> **Hay quienes reparten, y les es añadido más; y hay quienes retienen más de lo que es justo, pero vienen a la pobreza. El alma generosa será prosperada; y el que saciare, él también será saciado.**
>
> **Proverbios 11:24-25**

¿Estás confesando un matrimonio feliz? Entonces ten valentía y obedece las instrucciones bíblicas en cuanto al matrimonio. Si la Biblia dice que debes someterte a tu marido, ¡sé fuerte y sométete! Recibirás muchas bendiciones a causa de tu sumisión.

Esposos, decidan amar a sus esposas en forma práctica. No basta con confesar que tienes un matrimonio feliz. Es hora de recibir un matrimonio feliz obedeciendo con valor la Palabra de Dios.

¡Recibe el milagro de la sanidad actuando según la Palabra de Dios! Cree que tendrás la sanidad y actúa como si ya la hubieras recibido. Si necesitas tomar algún medicamento para mantenerte con vida, pues hazlo. Pero no dejes de confesar la Palabra. Hay momentos en que las confesiones en sí mismas cuentan como un acto de fe. Dios honrará tu fe y prolongará tu vida.

¿Estás creyendo en Dios para llevar un ministerio ungido? ¡Confiésalo!

En 1983, hice algunas confesiones importantes acerca de mi ministerio futuro. Confesé que sería fructífero. Declaré sobre mi vida la bendición de ser fructífero. Creo que después de quince años aquellas confesiones siguen obrando. Pero no basta con hablar. Debes orar y estudiar la Biblia.

El conocimiento personal de Dios es la clave para la unción. Conocer a Dios en forma personal es algo de lo que muchos siervos carecen. ¿Escuchas mensajes grabados? Si es así, ¡estás haciendo algo bueno!

Sin embargo, necesitas dar un paso más allá y conocer a Dios en una experiencia personal, por ti mismo. Puedes tener lo que digas, pero debes actuar consecuentemente. La fe sin obras es muerta.

> **Hermanos míos, ¿de qué aprovechará si alguno dice que tiene fe, y no tiene obras? ¿Podrá la fe salvarle?**
>
> **Santiago 2:14**

Cuando Abraham extendió su mano para sacrificar a Isaac, Dios vio uno de los actos de fe más grande de la historia de la humanidad. Aquel acto dio vida a las promesas y las confesiones de Abraham. Su nombre significaba que él sería el padre de muchas naciones. Creyó que sus descendientes serían como las estrellas del cielo, el polvo de la tierra y la arena del mar. ¿Cómo sucederían cosas tan increíbles? ¡Solo mediante una fe viva!

La fe de Abraham cobró vida cuando con valentía obedeció al Señor. Decide obedecer a Dios. El temor te conduce a la desobediencia. Si tienes fe en el Señor, harás lo que Él te diga.

En el relato del juicio final, las ovejas son puestas a la derecha y los cabritos a la izquierda. Con la fe sucede algo similar. Aquellos que tienen una fe verdadera se distinguen de los de una fe falsa por los actos de fe que los acompañan. Cuando una confesión carece de acciones que la confirmen, es en realidad un reclamo muerto e inútil. Si reclamas la prosperidad, debes ir a trabajar con determinación. Debes trabajar duro.

El equilibrista

Probablemente hayas escuchado la historia de aquel hombre que caminaba sobre una tensa cuerda que cruzaba una catarata.

Los turistas alrededor gritaban y aplaudían mientras el hombre ejecutaba esta increíble hazaña. A continuación, el hombre tomó una carretilla y la empujó por la misma cuerda. Una catarata de varios cientos de metros caía debajo de él. En un acto extraordinario, la carretilla llegó al otro lado con éxito. El hombre recibió ovaciones y frases de apoyo.

Luego preguntó a la multitud: «¿Quién de ustedes cree que yo podría cargar a alguien en la carretilla y trasladarlo por la cuerda? »

Toda la multitud gritó en muestra de aprobación diciendo: «¡Creemos y sabemos que puedes hacerlo!»

El equilibrista entonces pidió que un voluntario de la multitud que lo vitoreaba se sentara en la carretilla y él lo cruzaría por la catarata. Hubo silencio. Nadie se ofreció. ¿Ya ves? La multitud proclamaba creer que el hombre podía hacerlo, pero ninguno estaba preparado para actuar según sus dichos. Significaba que su fe en realidad era una fe muerta e inútil.

Si no respaldas tus confesiones con acciones positivas, tu fe será un instrumento muerto e ineficaz, digna de ser arrojada a un cesto de basura.

Amigo cristiano: es hora de actuar según tu fe. Lo declaraste. Lo proclamaste. ¡Ahora recíbelo en el nombre de Jesús!

SECCION II

¡Declaraciones prácticas y confesiones positivas!

Introducción

En este capítulo, escribí algunas confesiones que puedes hacer. Quiero que las leas en voz alta. Léelas para ti o guía a otros en una confesión grupal. Encontrarás que inspiran y generan una fe grande.

Los pastores deberían sentirse libres de guiar a sus congregaciones en la repetición de estas palabras. Asimismo, he agrupado las confesiones bajo algunos temas comunes que a menudo necesitan la aplicación de una fe vencedora.

Dios llamó las cosas que no eran como si fuesen. Este capítulo está lleno de cosas que tal vez no sean. **Es tu deber llamarlas como si ya existiesen.** Esto hará que se manifiesten.

... Dios ... el cual da vida a los muertos, y LLAMA LAS COSAS QUE NO SON, COMO SI FUESEN.

Romanos 4:17

Recuerda: ¡puedes tener lo que digas! Así que ¡habla! ¡decláralo! ¡proclámalo! Tendrás lo que digas.

... LO QUE DIGA LE SERÁ HECHO.

Marcos 11:23

Confesiones para un logro asegurado

- ¡Mayor es el que está en mí que el que está en el mundo!
- ¡Tengo la unción para trabajar duro!
- ¡La unción para alcanzar un logro está sobre mí!
- ¡Estoy ungido para trabajar duro!
- ¡Veo que la unción para generar nuevas ideas brota como nunca antes!
- ¡Estoy ungido para la excelencia!
- ¡No puedo fallar porque Dios me ha concedido la unción para alcanzar la abundancia!
- ¡La unción de la creatividad es mi porción!
- ¡Mis oídos están ungidos!
- ¡Presto atención a lo correcto! ¡Escucho a las personas indicadas!
- ¡Tengo la información necesaria para alcanzar el éxito!
- ¡Tengo el corazón ungido para recibir sabiduría de parte de Dios!
- ¡Estoy ungido!
- ¡Mis ojos están ungidos para ver las oportunidades que se presentan a mi alrededor!
- ¡Tengo manos ungidas para hacer que mis negocios marchen!
- ¡Tengo una mente ungida! ¡Soy inteligente!
- ¡La unción del pastor se ha desplazado a muchos hombres fieles incluyéndome a mí!
- ¡Mi vida tiene una nueva unción!

- ¡Tengo la unción de la sabiduría!

Confesiones para alcanzar la sabiduría

- Soy una persona innovadora y creativa. ¡Tengo ideas brillantes para el presente y el futuro!
- ¡Mi mente está atenta y activa!
- ¡Todos los días aprendo cosas nuevas en la iglesia!
- ¡No estoy confundido!
- ¡Confié en Dios y no seré avergonzado!
- ¡La sabiduría de Dios es mejor que la sabiduría del hombre!
- La sabiduría que tengo proviene de lo alto. ¡Es pura, pacífica, amable y benigna!
- ¡Mi sabiduría es sin hipocresía ni parcialidad!
- ¡Estoy experimentando la sabiduría de Salomón!
- ¡Tengo abundancia de sabiduría!
- No soy un rebelde. Nunca lo seré. ¡La rebeldía no es para mí!
- ¡Tengo sabiduría para hacer negocios!
- Al oír la Palabra de Dios, obedezco inmediatamente. Por eso me guía el buen pastor. Cuando me despierto por la mañana, ¡me veo rodeado de pastos verdes!
- Las aguas que me rodean son tranquilas. No hay aguas tempestuosas cerca de mí. Porque sigo la sabiduría de Dios, ¡mi vida está libre de fracasos y derrotas!
- ¡Mis enemigos constantemente se sorprenden ante mis logros y mi éxito!
- ¡Mi copa está rebosando!

- ¡Recibo bendiciones en la noche y por la mañana!
- ¡La sabiduría me ha hecho ascender de puesto!
- Dado a que soy tan sabio con la sabiduría de Dios, ¡me han ascendido!
- ¡La sabiduría de Dios me ha exaltado!
- ¡Sigo avanzando a causa de la sabiduría!
- ¡Tengo sabiduría para los negocios, sabiduría para el estudio y sabiduría para cultivar buenas relaciones!
- ¡No me involucro en una relación y luego la termino!
- ¡Disfruto de relaciones estables y duraderas porque soy sabio con la sabiduría de Dios!
- ¡Cada día adquiero más sabiduría!
- ¡No soy un rey con experiencia que ya no puede recibir consejos!
- Como parte de todo lo que estoy adquiriendo, ¡estoy adquiriendo más sabiduría!
- ¡Busco el consejo de muchos consejeros! ¡Por eso tengo seguridad en todo lo que hago!
- ¡Estoy dispuesto a recibir consejos!
- ¡No voy en la dirección de Judas, Adonías, Ahitofel ni Lucifer!
- ¡Soy un ganador!
- ¡Ideas de éxito fluyen por mi mente!
- ¡La inteligencia, la perspicacia y el sentido común fluyen por mi mente y afectan todas mis decisiones!
- ¡La tontería, la locura y la insensatez están lejos de mí!

- ¡El espectro de mis pensamientos es lo suficientemente amplio como para apreciar todos los factores que me incumben!
- ¡La latitud de mi mente y de mis pensamientos es lo suficientemente vasta como para entender todas las cosas!
- ¡Entiendo lo natural y lo espiritual!
- ¡Soy muy entendido en historia, geografía, literatura y en otras ramas del arte!
- ¡Entiendo de derecho, medicina, sociología y de filosofía!
- ¡Los falsos argumentos de las religiones y de filosofías engañadoras no me confunden!
- ¡Sé lo que enseñan y no lo acepto!
- ¡Mi cerebro no tiene límites!
- ¡Soy un líder porque tengo sabiduría para liderar!
- ¡La sabiduría aumenta mi felicidad!
- ¡La sabiduría me está convirtiendo en una persona mejor!
- ¡La sabiduría me está haciendo más rico!
- Nadie me intimida. ¡Puedo relacionarme con cualquier clase de persona!
- A partir de hoy, ¡no tengo complejos de inferioridad!
- ¡Puedo relacionarme con gerentes, ministros de estados y presidentes!
- Muchas personas atesoran el consejo que les doy. ¡Es porque hablo sabiduría!
- Cuando los malos me quieren seducir, ¡no los acompaño en su pecado!
- ¡No me asocio con necios!

- ¡La sabiduría me ha convertido en una persona trabajadora!
- ¡La sabiduría me ha hecho un hombre de integridad!
- ¡Soy un hombre recto y justo!

Confesiones para dominar tu situación matrimonial

- ¡Encontré un buen cónyuge!
- ¡Dichoso que estoy casado!
- ¡Mi cónyuge es una verdadera bendición para mí!
- ¡No tengo deseos de estar con otra persona!
- ¡La satisfacción ha llenado mi corazón!
- ¡Soy un esposo equilibrado!
- ¡Soy una esposa equilibrada!
- ¡El día que me casé, muchos versículos se cumplieron!
- ¡Cuando un hombre encuentra una esposa, encuentra algo bueno y alcanza el favor de Dios!
- ¡Alcancé el favor de Dios!
- ¡Dios me ha hecho bien porque estoy casado!
- ¡Las cosas son mejores porque estoy casado!
- ¡Todo lo que me propongo hacer es prosperado porque estoy casado!
- ¡Todos los días la Escritura se cumple en mi vida!
- ¡Uno persigue a mil y dos hacen huir a diez mil!
- ¡La Escritura también se cumplió en mi vida cuando me casé!

- ¡Desde el día en que me casé, mi fuerza se ha multiplicado por diez!
- ¡Ahora mismo estoy alejando diez mil demonios de mi vida!
- ¡Diez mil obstáculos abren camino a las bendiciones de Dios!
- ¡Tengo diez veces más potencial para el éxito porque soy un hombre casado!
- El matrimonio no es una maldición, ¡es una bendición!
- ¡Es bueno estar casado!
- ¡Disfruto el estar casado!
- ¡Estoy felizmente casado!
- ¡Sostengo mi confesión y con osadía declaro que el matrimonio es solo una bendición para mi vida y ministerio!
- ¡Mi esposa es una verdadera ayuda para mi vida!
- ¡Ya no estoy más solo!
- Mi esposo tiene devoción por mí. No tiene tiempo ni ojos para otras mujeres. Para él, soy una princesa y una reina. Mi esposo hace todo lo que quiero porque me ama. ¡La gente siente envidia porque mi esposo me ama mucho!
- Declaro que a partir de hoy, ¡Dios forma parte de mi matrimonio!
- ¡Cristo es el centro de mi hogar!
- Por fe, ¡no estoy casado con un incrédulo!
- ¡Mi cónyuge es creyente!
- ¡La bondad de Dios reposa sobre mi familia!
- He sido bendecido con muchos hijos. ¡Todos ellos son salvos!

- ¡Ninguno de mis hijos es caprichoso ni díscolo!
- Mis hijos cantan en el coro de la iglesia. ¡Están todos los días en la iglesia!
- Todos los amigos de mis hijos son buen compañía. ¡Mis hijos no andan con drogadictos ni fumadores!
- ¡Mis hijos no andan probando con el sexo!
- Ninguno de mis hijos es sexualmente activo antes del matrimonio. ¡No usan preservativos ni anticonceptivos antes del matrimonio!
- ¡Viviré para ver a mis hijos casarse!
- ¡Viviré para asistir a la boda de mis hijos!
- ¡Mis hijos se casarán con cristianos buenos y decentes!
- ¡Se casarán en honor y no avergonzarán a la familia!
- ¡La gracia de Dios cubre a mis hijos!
- ¡Ningún mal entrará a mi casa!
- ¡Mi hijo sobresale en la escuela!
- ¡Mi hijo obtiene buenas notas en la escuela!
- ¡Superé la maldición del divorcio en la familia!
- ¡Ningún espíritu de separación puede entrar a mi casa!
- ¡Tengo la familia ideal!
- ¡En mi hogar reina la paz!
- ¡Vencí el espíritu de la pelea continua!
- ¡En mi hogar ya no hay más peleas!
- ¡Disfruto de la paz y la felicidad!
- Mi cónyuge me es fiel

- ¡No le tengo miedo a la infidelidad!
- ¡Sé que él me es fiel!
- No cometeré adulterio. ¡No seré un bocado de pan!
- Por la gracia de Dios, ¡llegaré hasta el fin!
- ¡He terminado por completo con todas las relaciones del pasado!

Confesiones para erradicar problemas maritales

- ¡Mi casa es como un jardín de paz y tranquilidad!
- ¡Mi esposo llega a casa a tiempo todos los días!
- ¡Mi esposo no es un borracho!
- ¡En mi casa no hay alcohol!
- ¡La economía del hogar mejora día tras día!
- ¡Mi familia cada día tiene más dinero!
- ¡Hay dinero suficiente para pagar la renta, la cuenta del agua y de la luz!
- ¡No tenemos deudas!
- ¡Todos en la familia leemos la Biblia y oramos todos los días!
- Aunque puede que mi esposo sea incrédulo, ¡confieso con valor que a partir de hoy es salvo!
- Mi esposo no necesita acostarse con otra mujer. ¡Lo satisfago todos los días!
- ¡Declaro que mi esposo solo está interesado en mí y en nadie más!

- ¡Declaro que no me contagiaré de ninguna enfermedad debido a la infidelidad de mi esposo!
- ¡Cierro la puerta a la gonorrea, al VIH y a otras enfermedades venéreas!
- ¡Mi esposo gasta el dinero en mí y no en novias!
- ¡No tengo carencia económica!
- ¡Pongo fin a cualquier práctica infiel de mi esposo con extraños!
- ¡Declaro que cualquier mujer que se robe a mi esposo recibirá el juicio de un ladrón!
- Veo la destrucción de ella. ¡Declaro destrucción, desgracia, pánico, terror y confusión para toda mujer que intente sacarme a mi marido!
- Nunca me divorciaré. ¡Permaneceré casada hasta el fin!
- ¡Cualquier hechizo, encanto o brujería que haya sido conjurado en mi contra y la de mi matrimonio no tendrá éxito!
- ¡No me separaré de mi marido!
- Mi cónyuge y yo vivimos en la misma casa. Dormimos en el mismo cuarto. ¡Declaro que dormimos en la misma cama todos los días!
- Somos felices juntos. ¡Un tierno amor reina todos los días en nuestro hogar!
- ¡Cualquiera que pase por la ventana de nuestra casa oirá todos los días el sonido de las carcajadas de gozo y alegría!
- ¡No hay golpes, peleas, gritos ni bofetadas en mi casa!
- ¡Ya no hay más insultos ni bofetadas en mi casa!
- No puedo darle bofetadas a mi esposo. ¡Mi esposo no puede darme bofetadas a mí!

- No puedo darle bofetadas a mi esposa. ¡Mi esposa no puede darme bofetadas a mí!
- ¡Se respira un ambiente de amor y respeto mutuo en la casa!
- Mi esposo y yo no tenemos relaciones sexuales con nuestros empleados, colegas ni amigos. ¡Somos fieles el uno al otro!
- ¡Nos prometemos amor en forma regular!
- ¡Todos los hombres que me ven saben que tengo un llamado de Dios mi Señor y que Él me ha bendecido!

Confesiones para casarse

- No tengo miedo. ¡Me casaré en esta vida!
- ¡Con valor declaro que el matrimonio es para mí!
- ¡No seré un solterón ni una solterona por el resto de mi vida!
- ¡Dios me ha dado un buen compañero!
- En este momento, hay buenos hombres proponiéndome matrimonio. Prácticamente ya está sucediendo. ¡Declaro que ocurrirá pronto!
- ¡Se terminaron los días de esperar!
- ¡Soy libre del pánico, el terror y el acoso familiar por no estar casado!
- ¡Sostengo que cualquier condición espiritual ha sido diseñada para darme un buen compañero!
- ¡Toda maldición en mi vida que me impida casarme queda rota a partir de este mismo instante!
- ¡Declaro que soy libre de maldiciones y yugos espirituales que impiden que la gente se case!

- No lucharé por encontrar un/a compañero/a. Habrá qué elegir. No tendré que esforzarme. Se acabaron los días de lucha. ¡Allá viene mi esposo! ¡Allá viene mi esposa! ¡Prácticamente lo/la veo! ¡Él/ella ya está en mi vida!

- ¡Dios tiene alguien para mí!

- ¡Veo un anillo en mi dedo!

- ¡El día de la boda llegó!

- ¡Con valor confieso que soy la novia!

- Veo el día de mi boda. Veo las flores. Escucho las campanas. Veo las multitudes. ¡Al fin llegó mi día!

- Se terminaron los días de soledad. Se acabaron los días de caminar solo/a. Llego a la iglesia con mi esposo/esposa. Mis hijos vienen detrás de mí. ¡Prácticamente los veo en mi vida!

- Soy librado de tomar una decisión errónea. No me casaré con la persona equivocada. ¡Me casaré con la persona correcta!

- No seré engañado. Tengo sabiduría para tomar decisiones correctas. ¡El Espíritu de Dios me está guiando a tomar las decisiones correctas!

- A partir de hoy, buscaré el reino de Dios. A medida que busque el reino de Dios, todas las demás cosas, incluso un cónyuge, me serán añadidas. ¡Ya las veo siendo añadidas!

- ¡Dios está añadiendo cosas buenas a mi vida!

- Estoy construyendo la casa de Dios. A medida que construyo la casa de Dios, Él prepara un hogar para mí. Un hogar de paz. Un hogar sin soledad. Un hogar sin lágrimas. Un hogar sin dolor. Un hogar de gozo. ¡Un hogar de risa con mi cónyuge!

- Me veo riendo a carcajadas con mi cónyuge. Todo es lindo y soy muy feliz. ¡Lo veo ahora mismo! ¡Y prácticamente ya está sucediendo!

- No me caso por motivos egoístas. ¡Me caso por razones bíblicas!
- Me mantengo puro. ¡No viviré en fornicación antes del matrimonio!
- ¡No tengo novios incrédulos!
- Tengo el Espíritu de fe y paciencia. Por esto, ¡tengo la capacidad sobrenatural para creer y esperar!
- El Shaddai está cambiando el curso de mi vida. ¡Me está dando lo que era imposible!
- ¡Mis enemigos se sorprenden por cómo Dios ha provisto para mí!
- ¡Los que pensaban que nunca me casaría están perplejos por la manera en que Dios me ha bendecido!
- ¡Mis enemigos están desconcertados, anonadados, asombrados, confundidos, pasmados y atónitos!
- ¡Mi afrenta ha sido quitada y no pueden creerlo!
- ¡Insisto en que soy tan dichoso como Abraham!
- No puedo fracasar. No puedo ser derrotado ni avergonzado. ¡Está sucediendo!
- ¡Estoy entrando a mi tierra prometida, en el nombre de Jesús!

Confesiones para romper maldiciones y yugos familiares

- En Cristo, tengo una nueva familia. ¡Pertenezco a la familia celestial!
- ¡Con valor declaro que las maldiciones ancestrales y familiares no tienen poder sobre mi vida!

- ¡Creo que Cristo me ha librado y que soy verdaderamente libre!
- ¡Soy libre de la opresión del diablo en mi familia!
- ¡Soy libre de vicios familiares como la borrachera, la inmoralidad y la infidelidad!
- ¡Soy libre del espíritu de pobreza que acosa a mi familia!
- ¡Tengo la victoria sobre el espíritu de la poligamia, la pelea y el retraso mental!
- ¡La maldición de las enfermedades familiares ha sido rota en mi vida!
- ¡Ya no estoy sujeto a la hipertensión, a la depranocitosis, al asma ni a los ataques del corazón!
- ¡Toda enfermedad mental y depresión en la familia no tiene de ningún modo efecto sobre mí!
- ¡Me aparto del poder de la brujería y de los hechizos y encantos del ocultismo que envuelven a los jóvenes de mi familia!
- Aunque mil miembros de mi familia puedan estar bajo la maldición de la debilidad y de la pobreza, ¡Cristo me ha librado de ese camino!
- Me declaro libre de todo mal hábito o mala actitud familiar. ¡Tengo la actitud correcta!
- ¡No soy fastidioso, peleador ni iracundo!
- Tengo un espíritu dócil y buena disposición. ¡Soy una persona agradable!
- ¡Las maldiciones tribales, de hasta diez generaciones, hoy no tienen poder sobre mi vida!
- ¡El mal nacional de la pobreza y las maldiciones continentales de pobreza y retraso no tienen efecto en mí!

- ¡No me pueden aplastar!
- ¡Dios me ha hecho cabeza de la familia!
- ¡Mis hermanos y hermanas han visto que Dios me ha llamado!
- Mi futuro es brillante. ¡Me he convertido en un productor de riquezas!
- No soy un eunuco. ¡Tengo descendientes!
- ¡Tengo abundancia de bienes y mis bienes pasarán a las generaciones que vienen después de mí!
- ¡Mi hogar está plantado junto a corrientes de aguas!
- Soy parte de una familia ganadora: ¡la familia de Dios!
- ¡Estoy lejos de la maldad y de la opresión de Satanás!
- Yo y mi casa serviremos al Señor. Viviremos muchos años y prosperaremos. No tendremos falta de ningún bien.
- ¡Pertenezco a una familia progresista!
- ¡Solo voy hacia adelante!
- Rechazo por completo el desánimo, la desgracia y la desesperación. ¡Estas cosas ya no forman parte de mi familia!
- La sangre de Jesús me hizo miembro de una familia mejor. Por su sangre, ¡tengo un nombre nuevo y una familia nueva!
- ¡Soy libre del mal de las enfermedades crónicas en mi familia!
- ¡He superado el mal del odio en la familia!
- ¡Soy libre de la maldición de mis ancestros!
- ¡Soy libre de la maldición de la idolatría en esta nación!
- ¡No estoy bajo la maldición de comenzar y nunca terminar!

- ¡La esclavitud financiera en mi vida se ha roto!
- ¡Toda maldición familiar y generacional de hasta diez generaciones queda destruida!
- ¡No temo a nadie en mi ciudad natal!
- ¡No hay hechizo, encanto ni poder que domine sobre mí! ¿Quién dirá algo y sucederá cuando el Señor ordenó que no fuera así?
- ¡Cualquiera en mi pueblo que haga un hechizo contra mí será llamado al silencio y exiliado inmediatamente!
- Las brujas ya no pueden volar por encima de mi casa. Si alguna intenta hacerlo, nunca volverá a volar. Repito: ¡nunca volverá a volar!
- Los poderes de la brujería de mi ciudad natal me tienen miedo. Saben que estoy cubierto por la sangre. Saben que estoy protegido. Por la sangre, ¡la destrucción me pasará por encima y nunca me hará daño!

Confesiones para vencer a personas malvadas e insensatas

- ¡Creo y confieso que tengo buenos amigos!
- Tengo más amigos que enemigos. ¡Mis enemigos no tienen poder sobre mi vida!
- A pesar de lo que la gente diga de mí, ¡estoy prosperando y teniendo éxito!
- ¡Proclamo que mis enemigos serán desilusionados y avergonzados!
- ¡He vencido a los hombres malvados e insensatos!
- Las personas que ahora son estorbos imposibles e inamovibles de repente serán quitados. Predigo su pronta transferencia. Declaro que todo ser humano insensato e intolerable en mi

vida será desplazado por mano divina del lugar seguro que ahora ocupa. ¡Los veo siendo reemplazados!

- ¡Todos los torturadores malvados serán desplazados y reemplazados diariamente!
- ¡La confusión entró al campo de mi enemigo!
- ¡Declaro que mis enemigos cosecharán lo que sembraron!
- ¡Los que sembraron mentiras en mi contra cosecharán confusión, odio y muerte!
- El cuello de mi enemigo será quebrado. ¡La lengua de los que me torturan será aplastada!
- ¡Tengo el dominio y la victoria sobre hombres y mujeres implacables que usan la autoridad en mi contra!
- ¡Tengo la divina protección contra el odio de gente poderosa!
- No puedo perder mi trabajo de un momento a otro. ¡No perderé mi puesto!
- Dios me ha establecido. ¡Nadie puede quitarme lo que Dios me ha dado!
- ¡Los que me traicionan será ejecutados!
- ¡Todas las cosas me ayudan a bien!
- Dios está poniendo mis enemigos al descubierto. Veo a mis enemigos peleando unos contra otros. Vendrán contra mí en una sola dirección, ¡pero serán esparcidos en siete direcciones diferentes!
- ¡Dios se está vengando de todo el mal que ha sido hecho en mi contra!
- Por cada historia negativa que se ha divulgado en contra de mí, ¡Dios me está dando diez buenos testimonios!
- ¡Dios me está dando un nombre bueno para reemplazar de manera sobrenatural el veneno que se ha dicho en mi contra!

- ¡Cada retroceso que he experimentado contribuirá para mi promoción!
- ¡La espada del Señor está en mi mano!
- Al igual que David, derribaré a cada Goliat en mi vida. Veo a cada Goliat cayendo delante de mí. ¡Es difícil luchar en mi contra porque Dios está de mi lado!
- Mayor es el que está en mí que el que está en el mundo. Porque Él está en mí, no fallaré. ¡He vencido porque Él está en mí!
- Cualquiera que me rechace se arrepentirá luego. Los que me desprecian se inclinarán ante mí. Algunos de mis enemigos vivirán para ver el día de mi ascenso y exaltación. ¡Algunos de mis enemigos no verán mi promoción porque serán cortados a la mitad de sus días!

Confesiones para experimentar la prosperidad

- ¡Creo en la prosperidad fantástica!
- A partir de ahora, Dios tendrá placer en mi prosperidad. Creo y confieso que Dios se alegra cuando prospero. Por este motivo, prospero continuamente. ¡Prospero todos los días!
- ¡He descubierto que la prosperidad no es algo malo!
- ¡Con todo mi corazón me aferro al concepto de la prosperidad!
- Reconozco que Dios quiere que prospere. Por eso, ¡permanezco estable, firme y esperando prosperar!
- ¡Decreto prosperidad e incremento en todas las obras de mi mano!
- Soy propietario de una casa. ¡Soy un constructor de casas!

- Me veo adquiriendo una tierra y edificando una casa. Es bueno construir una casa. La Palabra de Dios me dice que edifique casas y que plante jardines. Por lo tanto, ¡estoy construyendo casas y plantando jardines!
- ¡Dios me ha dado sabiduría para edificar una casa libre de deudas y maldiciones!
- Mi casa es una mansión hermosa. Las terminaciones son exquisitamente atractivas. ¡Todos los días la gente admira mi casa!
- ¡Todas las habitaciones de la casa están llenas de todo bien y de regalos preciosos según el libro de Proverbios!
- Tengo garajes en mi casa. ¡Están llenos con los mejores y más modernos autos del mundo!
- Tengo un auto. La prosperidad está llegando a mi vida. Se acabaron los días de caminar. ¡Me veo conduciendo un buen auto!
- ¡Dios me ha promovido y lo imposible se ha hecho posible!
- Creo y confieso que tengo un auto y que tengo más de uno. ¡Incluso regalo autos!
- ¡Dios me ha prosperado tanto que un auto ya no significa nada para mí!
- Creo en el trabajo duro. Tengo el espíritu de diligencia. No soy un vago: trabajo muy duro. ¡Cosecho lo que siembro!
- Soy libre de la maldición de trabajar por nada. Rompo la maldición de trabajar en vano. Mi sudor no es en vano. Rechazo cualquier pensamiento de pobreza y escasez. ¡Niego toda proyección y predicción de pobreza hecha por mi familia!
- No seré lo que la gente cree que debo ser. ¡Seré lo que Dios dice que soy!
- ¡Dios me ha hecho cabeza y no cola!

- ¡Tengo abundancia de bienes!
- ¡Tengo abundancia de bienes y ganancias!
- Se están abriendo puertas sobrenaturales. Cuando Dios abre una puerta, ¡ningún ser humano puede cerrarla!
- No estoy luchando por prosperar. ¡Disfruto de la prosperidad de Dios!
- Mi prosperidad es real. ¡No le debo nada a nadie!
- ¡Estoy obteniendo verdaderos beneficios y soy libre de deudas!
- Soy propietario de edificios. ¡Tengo inmuebles!
- ¡He avanzado hacia el terreno de la prosperidad fantástica!
- ¡Confieso que Dios provee para todas mis necesidades conforme a sus riquezas en gloria!
- ¡Tengo linda ropa que ponerme!
- ¡Todos los días como buena comida!
- Tengo un buen trabajo. ¡Cada día es mejor!
- ¡Lo imposible se está haciendo posible!
- ¡La prosperidad no me hace retroceder!
- Pese al hecho de que soy bendecido, voy a la iglesia regularmente. ¡Asisto a las reuniones de oración y a las sesiones de ayuno!
- No soy tacaño. Doy con liberalidad. Incluso cuando no tengo, ¡doy de buena gana!
- Siempre estoy esparciendo y aun así, siempre aumentando. ¡Los hombres me devuelven una medida buena, apretada, remecida y rebosante!
- Estoy cosechando de a cien. Disfruto de la abundancia. ¡Prácticamente ya está sucediendo!

- El futuro es claro y brillante. ¡Tengo una mirada optimista hacia el futuro!
- ¡Las ventanas del cielo están abiertas!
- ¡Ordeno una abundancia sobrenatural sobre mi vida!
- ¡Declaro que estoy floreciendo como una palmera!
- Estoy satisfecho con lo que el Señor ha hecho por mí. Tengo un Espíritu de contentamiento. ¡No hay avaricia en mi vida!
- Soy como un árbol plantado junto a corrientes de aguas. ¡Doy frutos a su tiempo!
- Declaro que cuento con los contactos, provisiones y oportunidades adecuadas. ¡A partir de hoy me pertenecen!
- Cuando comience algo, lo terminaré. Todos mis proyectos llegan a término. ¡Soy una persona que termina lo que empieza!

Confesiones para lograr una mega iglesia

- Mi iglesia está creciendo. ¡Mi iglesia está creciendo en belleza y excelencia!
- ¡Mi iglesia es una iglesia próspera!
- No nos faltan miembros ni almas. ¡Experimentamos una cosecha continua de almas!
- ¡Declaramos que tenemos la unción para ganar almas, hacer milagros y crecer como iglesia por nuestros propios medios!
- ¡Nuestras iglesias en distintos lugares están creciendo!
- Hay un crecimiento por todos lados. ¡Hay bendición por todos lados!
- Hay gozo en esta iglesia. Hay paz. Hay armonía. ¡Hay unidad!

- Veo llegar una fresca unción a la iglesia. Está llegando. ¡Viene a la iglesia como una nube!
- Los enemigos de la iglesia serán desilusionados. Serán avergonzados. Han perdido el trabajo. ¡Serán desilusionados los que esperan nuestra derrota!
- ¡Veo y declaro un desplazamiento y reemplazo divino de los hombres impíos en los lugares altos que luchan contra la iglesia!
- ¡Declaro el juicio de Dios sobre aquellos que enfrentan a Dios!
- ¡Los enemigos de la cruz han sido reducidos a nada!
- Señales y maravillas suceden en la iglesia. ¡Todos los días ocurren milagros notables!
- Es grandioso ser parte de la iglesia. Mucha gente está viniendo. ¡Vienen del norte, del sur, del este y del oeste!
- ¡Los miembros de la iglesia no avergüenzan al Señor!
- Soy un pilar en la iglesia. Soy un pilar en el ministerio. ¡Soy de gran apoyo para esta visión!
- Tengo un espíritu de lealtad. ¡Soy coherente, fiel, fiable y constante!
- ¡Mi pastor confía en mí y nunca lo desilusiono!
- Mi iglesia es tan grande que miles y miles pertenecen a ella. Dios nos ha concedido una mega iglesia. ¡Nos hemos convertido en una nación dentro de otra nación!
- La iglesia es respetada y honrada en la comunidad. ¡El amor de Dios se está extendiendo!
- ¡El poder de la oración y el poder de la confesión obran maravillas en la vida de la iglesia!

- ¡Los rebeldes, aquellos que tergiversan la verdad, los amotinadores y los disidentes no pueden destruir lo que Dios hace día a día!
- Los rebeldes solo tendrán desgracia continua. ¡No me uniré al movimiento rebelde dentro de la iglesia!
- ¡Amo al pastor porque me dice la verdad!
- ¡Ya no estaré enojado con el pastor!
- Cuando crea que el pastor esté dando un mensaje sobre mí, ¡resistiré la mentira del diablo de enojarme con mis líderes!
- ¡Los pastores tienen una gran visión y yo no abandonaré este gran ministerio!
- ¡Son más los que están con nosotros que los que están contra nosotros!
- Tenemos frecuentes y extraordinarios milagros de sanidad. ¡En esta iglesia, las sillas de ruedas quedan vacías!
- En nuestra iglesia, los ciegos ven, los sordos oyen, los cojos caminan, las víctimas del cáncer se sanan. ¡Lo milagroso es algo cotidiano en nuestra mega iglesia!
- Tenemos una mega iglesia. Dios nos ha promovido de categoría. Hemos salido del salón pequeño. ¡Tenemos nuestro propio edificio!
- ¡Más y más personas vienen a la iglesia!
- Cualquiera que se asocia con nuestra iglesia sale bendecido. Cualquiera que venga a nuestra iglesia, regresará. ¡Cuando vuelva, traerá más gente!
- Declaro que la gente viene corriendo a la iglesia los domingos. ¡Ya no hay lugar para que la gente se siente!
- ¡Tengo problemas de espacio para albergar las multitudes que Dios me ha dado!

Confesiones para alcanzar grandes cosas en el ministerio

- ¡Con valor declaro que fui llamado por Dios para ser un ministro del evangelio!
- No recibí el llamado de un hombre. ¡Recibí el llamado del Dios Todopoderoso!
- Soy fiel a mi llamado. ¡Me mantendré firme, comprometido y consecuente con el llamado específico para mi vida!
- ¡No me desviaré hacia la política, la rivalidad en la iglesia ni la rebelión!
- ¡Tendré respeto hacia los maestros y ancianos que me han capacitado en el ministerio!
- Declaro con valentía que no he terminado de aprender. Tengo la actitud de un siervo. Por ese motivo, ¡todos los días recibo bendiciones!
- Mi ministerio se desarrolla porque todavía yo me estoy desarrollando. ¡Leo libros importantes y escucho cintas con frecuencia!
- Demuestro mi compromiso contra la ignorancia leyendo libros de otros pastores. ¡Mi ministerio ha mejorado notablemente porque estoy siempre aprendiendo!
- ¡No soy un rey con experiencia que ya no puede ser aconsejado!
- ¡Tengo éxito en el ministerio!
- ¡Soy un hombre de integridad y de rectitud moral y financiera!
- ¡No robo el dinero de Dios!
- ¡No vivo una vida extravagante ni de derroche!
- ¡No soy una vergüenza para el llamado de Dios!

- ¡No estoy en el ministerio por ganancias sucias!
- No soy un fornicario ni tampoco un adúltero. No tengo aventuras sexuales con los miembros de la iglesia. ¡Todos los días camino en santidad!
- Mi esposa ha sido destinada a respaldarme. Colabora conmigo en el ministerio. ¡Sea quitado de mi esposa cualquier espíritu de pelea y oposición, en el nombre de Jesús!
- Mi esposa ya no desparrama a los miembros de la iglesia. ¡Me ayuda a reunirlos!
- ¡Tengo buenos y fieles colaboradores!
- Todos los separatistas y disidentes no pueden conseguir destruir mi ministerio. Al igual que Judas, ¡caerán en sus propias trampas!
- ¡En mi ministerio existe la cultura de la lealtad!
- ¡La rectitud prevalece en todo lo que hago!
- No me separaré de mi esposo o de mi esposa. ¡El ministerio no destruirá mi matrimonio!
- Mis hijos crecerán para servir al Señor. Harán grandes proezas por el reino de Dios. No serán drogadictos ni traficantes de cocaína. Servirán a Jesús desde pequeños. ¡Todas mis hijas llegarán vírgenes al matrimonio!
- ¡Mi ministerio continuará en belleza y excelencia!

Confesiones para alcanzar el éxito pastoral

- Soy el pastor de una iglesia gloriosa. He aquí la gloria. ¡Veo gloria por todas partes!
- Declaro que mi iglesia continuamente experimenta la prosperidad. ¡El ministerio no tiene carencias ni necesidades!
- ¡Todas mis deficiencias están cubiertas por la sangre!

- Dios, de manera sobrenatural, me ayuda a vencer mis limitaciones. ¡Mi limitada educación no me impide seguir adelante en el ministerio!
- ¡La iglesia no toma dinero prestado!
- Los miembros de la iglesia aportan al ministerio con generosidad. ¡La mayoría de los miembros entregan el diezmo!
- No soy un extorsionista. ¡No manipulo a los miembros de la iglesia para sacarles riquezas!
- No doy un espectáculo de pobreza. Soy autosuficiente. Tengo un buen sueldo. ¡No me comporto como un mendigo que necesita leche o una lata de sardinas!
- Ya no necesito que la gente sienta lástima por mí. ¡Dios me ha bendecido!
- El ministerio está alcanzando lo inalcanzable. ¡Soy un ganador de almas!
- Cuando llegue al cielo, recibiré la corona por haber ganado almas. Porque estoy en el ministerio, muchas personas serán salvas. ¡Muchas personas irán al cielo a causa de mi ministerio!
- Tengo buenos directores de alabanza en la iglesia. Tengo un coro hermoso. ¡Dios me ha dado músicos fieles!
- ¡Todos los aspectos de la iglesia marchan bien porque Dios me ha bendecido con personas buenas!
- ¡Soy un pastor exitoso!
- ¡Tengo buen trato con mis colaboradores!
- Oro por los pastores que colaboran conmigo. Están más ungidos que nunca. Disfrutan de paz y de larga vida. ¡Sus enemigos en verdad han sido esparcidos!
- Declaro que aquellos al frente de este ministerio tienen la protección divina. El Señor peleará por ellos. ¡El Señor

los guardará de los ataques políticos y de la intimidación política!

- De todos los que el Padre me dio, no perdí ninguno. ¡En el día del juicio, estaré confiado!
- Puedo sentir que crece la unción. Avanzo hacia esferas del ministerio más elevadas. ¡Recibo de todo el mundo invitaciones para ministrar!
- Dios me concede protección divina. Soy bendito al entrar y bendito al salir. ¡Soy bendito en el campo y bendito en la ciudad!
- Por la fe, será apagado cualquier ataque contra mi ministerio. ¡Prevaleceré!

Confesiones para dominar en el mundo de los negocios

- A partir de hoy, ¡Dios es mi socio en los negocios!
- ¡Soy un prestamista y no un prestatario!
- A partir de hoy, Dios me usa para colaborar económicamente en su obra. Declaro que contribuyo con millones. ¡Confieso con valentía que uno de mis objetivos es apoyar la obra de Dios!
- Jesús ama mi alma y yo amo a Jesús. ¡Declaro que amo a Jesús más que al dinero!
- Jesús es el Amo y Señor de mi empresa. Dios me recompensará con logros y éxito esta semana. ¡Dios me recompensará con victorias y respuestas!
- ¡Todo el que me debe dinero a partir de hoy me lo devolverá!
- ¡Todas mis inversiones están a salvo!
- ¡Ordeno en este momento que se levante toda pared que ha sido derribada en el negocio y en el matrimonio!

- ¡Veo una nueva abundancia en mi vida!
- ¡Ideas y pensamientos divinos fluyen por mi mente!
- ¡Todos los días suceden milagros económicos!
- ¡Soy tan rico que no sé qué hacer con el dinero!
- Mientras siembro las primicias de mis frutos y el diezmo, ¡declaro que las ventanas del cielo se abren sobre mi vida!
- ¡Mis graneros están llenos con abundancia!
- La cuenta del banco está llena. Mi cuenta estalla. ¡Es porque doy el diezmo regularmente!
- ¡No soy codicioso!
- ¡Mis bolsillos rebosan de dinero!
- ¡El gerente del banco me respeta porque tengo una cuenta bancaria próspera!
- ¡Dios me está utilizando para ayudar al pobre y al necesitado!
- Gané importante contratos. ¡Seguiré ganando contratos importantes!
- No soy un mentiroso. Tampoco un ladrón. No me involucro en acuerdos deshonestos. ¡No participo del soborno ni de la corrupción!
- A pesar del panorama económico negativo, ¡tengo abundancia!
- ¡Doy con simplicidad!
- Porque done grandes sumas de dinero, no significa que intente controlar la iglesia. No es mi intención llamar la atención con esto. ¡Lo hago porque quiero ser una bendición para el reino de Dios!
- No pido préstamos para impresionar a la gente con autos y celulares llamativos. ¡No necesito impresionar a nadie!

- ¡Mi negocio no se construye sobre deudas!
- ¡Porque Dios está conmigo, veo cuando viene el mal y me guardo del poder de la recesión y de la depresión económica!
- ¡Soy una persona pudiente!
- No soy un hombre de lo poco. Soy un hombre de verdadera abundancia. Soy un hombre de riquezas. ¡Soy un hombre del oro y de la plata!
- ¡No me avergüenzo de la bendición que Dios me ha dado!
- Soy libre de la confiscación arbitraria y de la intimidación por parte de agentes del gobierno celosos. ¡Soy libre del hostigamiento que ejercen los codiciosos dictadores que desean aplastarme!
- ¡No tengo miedo de prosperar!
- Pago mis impuestos regularmente. Cumplo con todas mis obligaciones. Soy bendecido todos los días. Construyo casas todos los días. Creo en la construcción de casas. Porque construyo, ¡disfruto una verdadera y permanente prosperidad!

Confesiones para avasallar la brujería y los demonios

- ¡Cristo me hizo libre y soy libre de verdad!
- Tengo autoridad sobre las brujas y los magos. ¡No le temo a los poderes ocultos!
- ¡Soy librado del demonio de la inferioridad!
- ¡Soy libre!
- ¡Soy libre de los demonios de la autocompasión!
- ¡Soy librado del control de los demonios de la envidia y los celos!

- ¡Tengo autoridad sobre el espíritu de la depresión!
- Ya no estoy más deprimido. ¡Puedo ver un camino por delante!
- ¡El poder de la brujería ha sido derribado!
- ¡Tengo esperanza para el mañana!
- Ato a los demonios del desaliento. A partir de este momento, ¡todo demonio de desaliento me dejará!
- A partir de hoy, ¡pronuncio y declaro la libertad sobre la ansiedad!
- ¡Ya no soy acosado por los demonios de la preocupación!
- ¡Los demonios de la preocupación ya no me atormentan más!
- ¡El espíritu de la impaciencia y el temor está atado!
- ¡Declaro que el demonio del temor ya no me guía!
- ¡No tengo ataduras y soy libre porque Cristo me hizo libre!
- ¡Soy libre de verdad!
- ¡Tengo el poder sobre los demonios de la amargura y la falta de perdón!
- ¡Vencí al espíritu del odio y la amargura!
- ¡Amo a todos los hombres!
- A partir de hoy, ¡amo a mis enemigos!
- ¡Soy libre del poder y de las garras del engaño!
- ¡Derribo toda fortaleza de intimidación satánica en mi vida!
- ¡Soy libre de las maldiciones y los hechizos demoníacos sobre mi familia!
- Cristo venció y derrotó a Satanás en la cruz. Por esto, ¡camino libre de los poderes de la oscuridad!

- ¡Las cadenas de Satanás se están cayendo!
- Ningún hechizo de mi pueblo natal puede afectarme. ¡Queda anulado todo conjuro y hechizo en mi contra proveniente de mi pueblo!
- ¡Suelto a los espíritus ministradores y a los poderes angelicales para que contiendan con mis enemigos espirituales!
- ¡Los espíritus demoníacos con forma humana no tienen poder sobre mi vida!
- ¡Soy libre porque Cristo me hizo libre!
- ¡Soy bendito y no maldito!
- ¡Las puertas se cierran y los demonios ya no pueden entrar a mi casa!
- Deshago la maldición de los problemas perpetuos. ¡Vencí a los problemas que no quieren marcharse!
- ¡Rechazo el hechizo que hace que mi auto esté siempre en el taller de reparaciones!
- ¡Lanzo a los enemigos de mi vida al mar Rojo!
- ¡Les ordeno a mis enemigos que sean desunidos y fragmentados!
- Detengo los planes maquinados y las decisiones que todos los días se toman en mi contra. Me niego a yacer en un ataúd antes de que mi hora llegue. Suprimo los sueños que me colocan en un ataúd, ¡en el nombre de Jesús!
- Rechazo el hechizo que mantiene mi propiedad en manos de otra persona. A partir de hoy, ¡disfruto de toda mi herencia, en el nombre de Jesús!
- ¡Toda enfermedad prolongada ya fue sanada!
- ¡Declaro que soy libre del poder de mujeres extrañas y atractivas!

- ¡Vencí el poder de los problemas sin fin!
- ¡Anulo y derribo el poder de las calamidades, los abortos y las muertes súbitas que persisten y se perpetúan en la familia!
- ¡Me cubro con la sangre de Jesús!
- ¡Me niego a morir en un accidente aéreo o automovilístico!
- ¡Soy libre para vivir más allá de la maldición de la limitación demoníaca de la vida!
- Tengo autoridad sobre las enfermedades mentales, la epilepsia, la esquizofrenia y la depresión. ¡Ninguna de estas plagas tiene ya poder sobre mi vida!
- Por la sangre de Jesús, la puerta se cerró. ¡Y los hechizos no me pueden afectar!
- ¡Frustro los planes malvados que el enemigo tiene para mi vida!
- ¡Pongo fin a cualquier agenda y predicción satánica que sea contraria a mi vida!
- ¡Provoco la interrupción divina de todo plan e inventiva que se levante en mi contra!
- ¡Declaro confusión sobre toda forma de lógica inventada que sea contraria a mi vida y ministerio!

Confesiones para tener éxito en la vida

- Estoy bendecido con las bendiciones de Abraham. Soy bendecido en la mañana. Soy bendecido en la noche. ¡Me apropio de las bendiciones de Abraham!
- ¡Lo que era imposible se volvió en mi favor!
- ¡Aquí está mi ascenso!
- ¡Dios me ha mostrado su favor!

- ¡Creo que Dios me concede el favor constante en toda obra de mis manos!
- ¡Obtengo resultados destacados en los estudios!
- ¡Todas las cosas me ayudan a bien!
- ¡El progreso que viene de parte de Dios es real en mi vida!
- ¡Ya no puedo ser derrotado!
- ¡La plata para mí es como piedras!
- ¡Estoy experimentando el éxito de Salomón!
- ¡Estoy experimentando el éxito de Abraham!
- ¡Estoy experimentando el éxito de David!
- ¡La excelencia en los negocios y la excelencia en lo académico son mi porción!
- ¡Soy bendecido con ropas!
- ¡Soy bendecido con comida y vestiduras!
- Ya no soy un fracaso. ¡Estoy arriba y no abajo!
- ¡Soy una bendición para mi familia y para la iglesia!
- ¡Cualquiera que me bendice recibe bendición!
- ¡Cualquiera que me maldice recibe maldición!
- ¡Disfruto «el grano, el vino y el aceite» de esta tierra!
- ¡Mi postrer estado será mejor que el primero!
- Aunque mi primer estado sea pequeño, ¡mi fin será mucho más grande!

Confesiones para subyugar a la oposición

- ¡El Señor está conmigo como poderoso y temible!
- ¡El Señor está conmigo y nunca me dejará!
- Los que me persiguen están a punto de tropezar. ¡Los veo cayendo ante mí!
- ¡Doblarán sus rodillas delante de mí y me rendirán homenaje!
- Los que me oprimen serán avergonzados en gran manera. ¡Están a punto de ser avergonzados!
- De acuerdo con la Palabra de Dios, los que me torturan no tendrán paz en sus lechos. No prosperarán. ¡Los veo alejándose confundidos!
- La venganza del Señor los sacudirá de repente. ¡Gemirán de dolor y clamarán pidiendo misericordia!
- ¡El Señor es poderoso y está a mi lado!
- Cualquier enemigo que se levante en mi contra esta semana, caerá por mi causa, ¡en el nombre de Jesucristo!
- ¡Revoco toda palabra maligna dicha contra mi vida a partir de hoy!
- ¡Rechazo las malas noticias y las corrientes de maldad porque estoy bendecido y grandemente favorecido!
- ¡Caen las paredes de la oposición que el enemigo construyó!
- ¡Toda montaña de oposición se convirtió en una montaña de bendición!
- Toda mentira fabricada en mi contra será reducida a nada. Se comprobará que lo dicho en mi contra son mentiras. ¡Esas cosas contribuirán para que sea promovido!
- Mis enemigos hablan mal de mí. Se sientan juntos y hablan

en mi contra. Se preguntan: «¿Cuándo morirá y cuándo perecerá su nombre?» Los que me odian murmuran contra mí. Maquinan el mal. Dicen: «Alguna enfermedad maligna vendrá sobre él»; «Ahora que cayó, no volverá a levantarse». Mi amigo íntimo en quien confiaba levantó su mano contra mí. ¡Pero el Señor tendrá misericordia de mí!

- ¡El Señor me levantó! ¡Dios honró mi causa!
- El enemigo no puede triunfar sobre mí. Dios me ha puesto delante de su rostro para siempre. ¡Dios me libró!
- ¡Los que buscan mi alma retrocederán ahora mismo! ¡Serán avergonzados en este momento!
- ¡El Señor está pensando en mí en este instante y puso en mis labios un cántico nuevo!
- Me veo salir de un pozo terrible. Mis pies salen del lodo cenagoso. ¡Dios me pone ahora mismo sobre la roca!
- Dios me está estableciendo en la vida, el negocio y el matrimonio. ¡Muchos lo verán y temerán y confiarán en el Señor!
- ¡Dios no se olvidó de mí!
- No seguiré enlutado por la opresión del enemigo. ¡Me levantaré y alabaré a Dios!

Confesiones para aplastar a los enemigos físicos y espirituales

- ¡Dios me ha librado de hombres y mujeres malvados e insensatos!
- Cosas malas le suceden a mis enemigos. ¡Dios pelea contra aquellos que pelean contra mí!
- Veo al ángel de Dios levantándose para ayudarme. ¡El ángel del Señor sacó su espada para contender contra el enemigo!

- Mis enemigos son como la paja que arrastra el viento. ¡Se apartan confundidos!
- ¡El ángel del Señor está persiguiendo a mis enemigos!
- ¡Soy librado de personas insensatas!
- ¡Declaro con valor que la senda de mis enemigos es oscura y resbalosa!
- ¡Serán destruidos los que sin causa pelearon en mi contra y cavaron hoyo para mí!
- Veo venir la destrucción sobre mis enemigos. El enemigo quedará atrapado en la red que echó para mí. Caerá en esa misma destrucción. ¡Lo veo cayendo!
- Todo testigo falso en mi contra que haya hablado mal de mí, ¡recibirá el pago de su propio mal!
- Cualquier persona que haya recompensado mis favores con mal, ¡sufrirá eterna infelicidad!
- Los que contra mí se junten y se alegren crujirán sus dientes. ¡Serán destruidos por el León de la tribu de Judá!
- A partir de hoy, ¡mis enemigos no podrán burlarse injustamente de mí!
- Toda persona desleal que esté maquinando el mal en mi contra será deshonrada. ¡Veo a mis enemigos sumergidos en vergüenza!
- Dios llenó mi boca con gritos de júbilo. ¡Dios llenó de gozo mi corazón!
- ¡Todos mis enemigos visten vergüenza y deshonra porque Dios se complace en destruirlos!
- ¡Mi salvación no es cuestión de suerte!

- ¡Los carros se preparan para la batalla pero la salvación es del Señor!
- ¡El nombre del Señor es mi refugio por tanto no temeré!

Confesiones para superar la desilusión y los conflictos emocionales

- ¡El Señor es mi luz y mi salvación!
- ¡Que el enemigo no se regocije sobre mí!
- ¡Cuando caiga me levantaré!
- Aunque parezca que hoy estoy triste, ¡el Señor me está levantando! ¡No estaré triste para siempre!
- ¡Esta desilusión será para mi bien!
- ¡Esta derrota me ayuda a progresar!
- El Señor es mi luz. Aunque esté rodeado de tinieblas, ¡veré al Señor levantándome!
- ¡No le tengo miedo a la oscuridad!
- ¡Se fue la pesadez de mi corazón!
- No derramaré más lágrimas. ¡Se acabaron los días de llanto!
- ¡No estaré para siempre triste!
- ¡Declaro con valor que esta situación obrará para mi bien!
- ¡Mi vida está avanzando!
- Ya no estaré más deprimido. De hecho, ¡ya no estoy deprimido!
- Ningún hombre puede romperme el corazón. ¡Nadie puede romperme el corazón!
- ¡Mi confianza está en el Señor que es mi fortaleza y mi salvación!

- ¡Estoy avanzando!
- ¡Esta situación es un escalón al éxito!
- ¡Esta compleja situación es un escalón para alcanzar bendición!
- ¡Todas las cosas están en mi favor y son para mi bien!
- ¡Los enemigos son instrumentos para que yo ascienda!
- El Señor es la fortaleza de mi vida. ¡Ya no me siento débil!
- ¡La desilusión no tiene poder sobre mi vida!
- ¡La depresión no tiene poder sobre mi vida!
- ¡El dolor no tiene poder sobre mi vida!
- ¡Todo rastro de pena, miedo, terror y pánico desapareció de mi vida!
- ¡Ningún hombre en esta tierra puede frustrarme!
- ¡No soy un frustrado!
- ¡Soy una persona bendecida!
- ¡Estoy prosperando!
- ¡Cada minuto que pasa, las cosas mejoran!
- ¡Siento que estoy levantándome!
- ¡Declaro que me estoy sobreponiendo por encima de toda experiencia en la vida!
- Cada día para mí es una experiencia para aprender. ¡Aprendí la lección!
- ¡No volveré a cometer esos errores!
- ¡La mejoría llegó a mi vida!
- Aunque todo a mi alrededor parezca sombrío y sin esperanza, ¡mi corazón no tendrá miedo!

- ¡Estoy confiado!
- A partir de ahora, mi deseo será una sola cosa. ¡Mi deseo será el Señor!
- Buscaré al Señor. Temprano en la mañana, me acercaré al Señor. ¡Lo buscaré en la noche!
- A partir de ahora, ¡habitaré en la casa del Señor todos los días de mi vida!
- ¡Veo que Dios me pone sobre una roca!
- ¡Veo a Dios escondiéndome en su tabernáculo!
- A partir de este momento, estoy a salvo. ¡Estoy seguro!
- Veo a Dios levantando mi cabeza. ¡Dios levantó mi cabeza muy por encima de mis enemigos que me rodean!
- ¡Puedo ver la luz al final del túnel!
- Después de la tormenta, siempre sale el sol. ¡El sol está saliendo!
- ¡Veo al sol saliendo sobre mi vida!
- ¡Sé que parece imposible pero me estoy levantando de nuevo!
- Comienzo a cantar. ¡Elevo alabanzas al Señor!
- ¡Me regocijo en el Señor!
- Hubiera desmayado. Hubiera muerto. Pero por cuanto creí, ¡veré la bondad del Señor!
- ¡En este momento Dios me está mostrando su bondad!
- ¡Las cosas están mejorando!
- Tengo esperanza en mi vida. ¡Tengo esperanza para el futuro!
- ¡No seré avergonzado porque el Supremo está en mí!

Confesiones para superar situaciones difíciles

- Estoy rodeado de problemas difíciles, ¡pero mi Dios es más grande que todos ellos!
- Aunque haya problemas alrededor de mí, ¡Dios me librará de todas mis angustias!
- No hay montaña tan grande que Dios no pueda mover. ¡Ahora mismo veo alejarse de mí esta montaña de amargura y traición!
- ¡Veo que esta situación difícil se disipa!
- ¡Veo desvanecerse esa montaña de imposibilidad en mi vida!
- ¡Dios me libró de problemas extraños y complicados!
- Aunque fui traicionado, Dios nunca me desilusionará. Porque Dios no me desilusionará, ¡tengo esperanza para el futuro!
- Dios nunca falla ¡y Dios nunca me fallará!
- ¡Veo a Dios exaltándome ahora!
- ¡El fin de mi vida es solo paz y gozo en el Espíritu Santo!
- Observo a la gente malvada que parece tener mucho poder. El hombre malo parece florecer como un gran árbol. Pero hoy predigo que perecerá. ¡Desaparecerá como la paja que arrastra el viento!
- ¡Veo al Judas de mi vida marchitarse y apagarse lentamente!
- ¡He superado todos los contratiempos!
- ¡Derribo toda expectativa malvada y contraria a la Escritura que mis enemigos tramen para mi vida!

- ¡Frustro y revoco todo reclamo y exigencia satánica sobre mi vida!
- ¡Mi futuro es brillante!
- ¡Pongo el propósito y la sabiduría de Dios por encima de mis circunstancias!
- ¡Pongo la bondad y las misericordias por encima de la traición e impiedad!
- ¡No puedo quedarme para siempre caído!
- ¡Derribo toda pared de resistencia en mi vida!
- ¡Declaro con valor que la compleja naturaleza de mi problema no me mantendrá en el suelo! ¡A partir de este momento, me levanto por encima de él!
- Soy libre. ¡Soy libre!
- ¡Invalido las decisiones que han sido tomadas contra mi vida y mi negocio!
- ¡Anulo en mi vida todo deseo de muerte y toda expectativa malvada de parte de la gente hipócrita!
- A partir de este momento, no le tengo miedo al mañana. ¡Puedo enfrentar el mañana!
- No le tengo miedo a lo desconocido. ¡Tengo el control sobre lo desconocido, en el nombre de Jesús!
- ¡Ya no hay poder invisible que pueda asustarme!
- ¡Quedan anuladas y canceladas en el nombre de Jesús todas las decisiones que mis enemigos tomaron en mi contra!
- ¡Sea frustrada toda reunión que se haga para planear mi destrucción, en el nombre de Jesús!
- ¡Detengo el dedo acusador que me señala!
- No puedo estar para siempre en el suelo. ¡Por la mañana vendrá el gozo!

- ¡Que mis enemigos no se alegren contra mí!
- Me estoy levantando. Me estoy levantando en este momento. ¡Estoy yendo hacia delante!
- Hago callar las voces de los calumniadores diabólicos y desagradables. ¡No tienen poder sobre mi futuro!
- ¡Estoy cubierto por la sangre de Jesús!
- ¡Mi futuro es brillante!
- ¡Toda piedra de tropiezo se ha convertido en un escalón al éxito!
- ¡Lo que me hacía tropezar ahora me hace progresar!
- ¡Reemplazo toda frustración, falla, derrota, desorientación y desorganización con victoria, logro, éxito y estabilidad!

Confesiones para llevar mucho fruto

- ¡Soy fructífero en cada aspecto de mi vida!
- ¡Soy espiritualmente fructífero!
- Soy físicamente fructífero. ¡No tengo problemas de fertilidad para engendrar hijos!
- ¡Dios me ha hecho fructífero!
- Yo permanezco en Cristo. Persevero en la iglesia. Como estoy en la iglesia y en Cristo, ¡siempre llevo mucho fruto!
- ¡Estoy espiritualmente bien!
- ¡Todos los días llevo personas a los pies de Cristo!
- Cuando llegue al cielo, Jesús me dirá: «¡Bien, buen siervo y fiel!»
- ¡He superado las distracciones que me impiden llevar fruto!

- ¡No me distraigo por cosas innecesarias!
- Leo la Biblia todos los días. Oro todos los días. Tengo un «tiempo devocional» todos los días. ¡Y llevo mucho fruto todos los días!
- ¡Mis colegas son nacidos de nuevo por mi testimonio!
- ¡Mis compañeros de estudio han conocido al Señor por mi testimonio!
- ¡Las personas que encuentro en autobuses y taxis son nacidos de nuevo por mi testimonio!
- Cuando espero el autobús en la parada, ¡estoy llevando fruto!
- Cuando estoy en la oficina, ¡estoy llevando fruto!
- Cuando estoy en la escuela, ¡estoy llevando fruto!
- ¡Siempre estoy llevando personas a los pies de Cristo!
- ¡Invito a muchas personas a la iglesia con regularidad!
- No soy hipócrita. ¡Mi vida como cristiano no hace que la gente se aleje de Dios!
- ¡Guío a las personas a aceptar a Cristo porque ven en mí una conducta semejante a Cristo!
- No tengo enfermedades espirituales. ¡Soy espiritualmente sano!
- ¡Soy un verdadero cristiano!
- ¡Cristo obra por medio de mí!
- ¡Yo permanezco en Él y Él permanece en mí!
- Lo que le pido al Señor, ¡Él lo hace!
- ¡El Señor me hace abundar en bienes, abundar en el fruto de mi cuerpo y abundar en el fruto de mis manos!

- ¡Bendito soy en la ciudad y bendito en el campo!
- ¡El Señor me ha dado su buen tesoro!
- ¡Mi negocio es un buen negocio!
- Los cielos están abiertos sobre mí. ¡Puedo ver la lluvia que desciende sobre la tierra!
- ¡Soy como un árbol plantado junto a ríos de agua viva!
- ¡Todo ayuda para bien en el momento oportuno!
- Tengo hijos. Tengo hijos espirituales. Tengo hijos de mi sangre. El Señor ha bendecido mi cuenta bancaria. ¡Mi cuenta bancaria es abultada todos los días!
- Soy bendecido en el fruto de mi cuerpo. Mis hijos son bendecidos. ¡Son buenos hijos!
- ¡Mi bolso y mi cartera o billetera son bendecidos!

Confesiones para crecer en la oración

- ¡Declaro con valor que mi vida espiritual está tomando una nueva dirección!
- ¡Mi vida ya no carece de oración!
- ¡Oro frecuentemente!
- ¡Oro al menos una hora por día!
- ¡Hablo en lenguas con frecuencia!
- ¡Cuando camino o conduzco el auto, hablo en lenguas!
- ¡Soy edificado cada vez que hablo en lenguas!
- Nadie me entiende. Sin embargo, ¡por medio del Espíritu le expreso misterios a Dios!
- Porque oro en lenguas con frecuencia, ¡me estoy convirtiendo en un poderoso guerrero espiritual!

- ¡Mi vida espiritual está mejorando en este mismo instante!
- Porque oro regularmente, ¡no cedo a la tentación!
- ¡Hay una gran mejoría en mi vida de oración!
- ¡Ya no me resulta difícil despertarme a la mañana temprano para orar!
- ¡Me pongo de acuerdo con otros para orar y veo resultados!
- Oro por el país y por sus líderes. Por esto, ¡llevo una vida piadosa, pacífica y honesta!
- ¡Oro con frecuencia para que el reino de Dios venga!
- ¡Siempre tengo la mente y el corazón en la iglesia de Dios y en sus líderes!
- ¡Oro por el pastor, para que Dios lo establezca y tenga misericordia de él!
- ¡Le pido al Señor todo lo que necesito y Él me responde!
- ¡Nada me falta porque mis oraciones son contestadas al ciento por ciento!
- Cada vez que oro, perdono a aquellos que me han hecho mal. Porque siempre los perdono, ¡Dios me perdona todos los días!
- ¡No hay amargura en mi corazón cuando oro!
- ¡Definitivamente estoy mejorando en mi vida de oración!
- ¡Dios me libra todos los días de la tentación!
- ¡Dios me libra del mal todo el tiempo!
- Mil caen a mi izquierda y diez mil a mi derecha, pero nada malo me sucede. ¡Es porque oro para que Dios me libre del mal y no me deje caer en la tentación!

- Ahora puedo orar por varias horas. Puedo orar durante una hora seguida. Puedo orar dos horas seguidas. Puedo orar tres horas seguidas. Puedo orar cuatro horas seguidas. Puedo orar cinco horas seguidas. Puedo orar seis horas seguidas. ¡Puedo orar siete horas seguidas!
- ¡Dios me está llevando a esferas más elevadas en las cosas espirituales!
- ¡Ayuno en forma habitual porque Jesús ayunó!
- Jesucristo predijo que ayunaríamos. ¡Por eso ayuno habitualmente!
- Tal como el apóstol Pablo, ¡ayuno a menudo!
- Cada vez que ayuno, ¡me hago un tiempo para orar!
- ¡El ayuno y la oración traen grandes resultados!
- ¡Hago progresos en mi vida todos los días!

Confesiones para usar con excelencia la Palabra de Dios

- La Palabra de Dios es dulce. Es más dulce que la miel a mi paladar. ¡Por eso leo la Biblia todos los días!
- Tengo una Biblia. ¡Leo la Biblia todo el tiempo!
- Hago lo que la Biblia dice que debo hacer. ¡Siempre obedezco la Palabra de Dios!
- ¡Puedo hacer lo que la Biblia dice que puedo hacer!
- ¡Tengo lo que la Biblia dice que tengo!
- ¡Soy quien la Biblia dice que soy!
- Soy más que vencedor. Soy bendito. Soy sanado. Soy librado. Soy rescatado. Soy salvado. Soy victorioso. Estoy arriba. No estoy abajo. Soy la cabeza. Soy redimido. Soy

santificado. Soy la justicia de Dios. ¡Soy lo que la Biblia dice que soy!

- ¡Hago estudios bíblicos con frecuencia!
- ¡Hago habitualmente un estudio actual y minucioso de la Biblia!
- ¡No soy un cristiano superficial porque estudio la Biblia regularmente!
- ¡No soy un cristiano vacío porque todos los días medito en la Palabra de Dios!
- ¡Cuando medito en la Palabra de Dios, me hago más sabio!
- ¡He invertido dinero en Biblias!
- ¡Tengo distintas versiones de la Biblia!
- ¡Ay, cuánto amo la Biblia!
- ¡Todo el día es mi meditación!
- Por medio de la meditación de la Biblia, ¡Dios me ha hecho más sabio que mis enemigos!
- ¡Tengo mayor entendimiento que mis maestros, porque tus divinos testimonios son mi meditación!
- ¡Lámpara es a mis pies tu Palabra y lumbrera a mi camino!
- La presencia de la Palabra de Dios da luz a cada área de mi vida. ¡Sé qué hacer porque la Palabra de Dios me da dirección!
- Mis pasos son ordenados por la Palabra de Dios. ¡Soy un buen hombre/una buena mujer y mis pasos son ordenados por el Señor!
- ¡En la Palabra, Dios me mostró lo que es bueno y lo que espera que yo haga!
- ¡Constantemente escucho mensajes grabados!

- Porque la fe viene por el oír y el oír la Palabra de Dios, ¡mi fe mejora cuando escucho mensajes grabados!
- ¡Me veo convirtiéndome en un gigante espiritual ahora mismo!
- ¡Tengo mucha fe porque siempre me estoy empapando de la Palabra de Dios!
- Porque amo la Palabra de Dios, tengo mucha paz. ¡Ya nada me ofende!
- ¡Por la noche me quedo con los ojos abiertos para meditar en la Palabra de Dios!
- ¡Leo libros cristianos con frecuencia y son de mucha ayuda!
- Lucho contra la ignorancia en mi vida leyendo libros. No soy un ignorante. ¡Soy una persona sabia, inteligente e instruida!
- Por el poder de la meditación, ¡me elevo hacia el éxito!
- La Palabra de Dios no se aparta de mi mente. Medito en ella todo el día. Por eso, ¡tengo éxito!
- ¡Tengo entendimiento divino y revelación divina en la Palabra de Dios!
- ¡El propósito y el llamado de Dios para mi vida se cumplirán!
- ¡Estoy creciendo como individuo!
- Estoy creciendo en la Palabra de Dios. Estoy creciendo en el Espíritu Santo. ¡Estoy creciendo en mi carácter!
- ¡Soy el mismo en público que en privado!
- ¡Destruyo todo pecado secreto, toda maldad e impiedad en mi vida!
- ¡Quito de mí todo lo malo que esté oculto!
- ¡Estoy limpio por dentro y por fuera!

- ¡La gloria de Dios es nueva sobre mí!
- ¡Esta gloria presente está sobre mi vida!
- ¡Soy fiel a la iglesia!
- ¡La iglesia avanza y las puertas del infierno no pueden prevalecer contra nosotros!
- ¡Los enemigos de afuera y de adentro no pueden detenernos!
- ¡Veo algo nuevo!
- ¡Veo continua belleza, continua excelencia y continua prosperidad!
- ¡Esta iglesia es fuente de dirección y de inspiración para muchas vidas!

Confesiones para cancelar deudas por fe

- ¡Declaro que por la gracia de Dios estoy libre de deudas!
- ¡No le debo a nadie y soy dichoso porque no le debo a nadie!
- ¡Mi negocio y mi vida no dependen de préstamos ni de deudas!
- ¡Cristo me libró de la maldición de las deudas!
- Según Deuteronomio 28, es una bendición prestar y no pedir prestado. A partir de hoy, ¡esa es mi porción!
- Soy dador y presto. ¡No soy prestatario!
- Camino por la calle con libertad. ¡No me amedrentan notificaciones, llamadas telefónicas ni acreedores enojados!
- ¡No le debo nada a nadie!
- ¡Estoy tan bendecido que cuando la gente viene a pagarme, les devuelvo el dinero!

- En el nombre de Jesús queda cancelada toda cuenta pendiente y deuda sin pagar. Esta es mi fe y lo declaro con valor. ¡Sucederá en la práctica!
- ¡No estoy en quiebra!
- ¡No estoy deprimido!
- ¡No estoy hundido!
- ¡Estoy en la gloria!
- ¡Mi negocio tiene éxito!
- ¡Mi vida está mejorando!
- ¡En mi casa las cosas no se adquieren mediante deudas!
- ¡En verdad son mías las cosas que tengo!
- ¡No le debo nada a ninguno de los miembros de la iglesia!
- ¡Soy libre de la maldición de la deuda!
- ¡No debo dinero!
- A partir de hoy, ¡soy libre del yugo de la deuda!
- ¡Cristo me libró de la esclavitud de las trampas financieras!
- Toda prueba del diablo en mi vida se ha convertido en un testimonio. Tengo muchos testimonios para contar. ¡Testimonios de victoria y sanidad!
- Toda montaña en mi vida queda aplastada en el nombre de Jesús. Declaro que toda senda torcida se enderezará. ¡La montaña de la imposibilidad se ha vuelto posible en el nombre de Jesús!
- Vencí en el nombre de Jesucristo la maldición de la pobreza que resulta de perpetuas deudas. ¡Y estoy redimido de todos mis problemas!

Confesiones para desarrollar la fidelidad y la lealtad

- ¡Llevo una vida pura en justicia y santidad!
- ¡Los miembros de nuestra iglesia llevan vidas santas!
- Mis amigos son buenas personas. ¡Soy una buena persona en público y en privado!
- La característica más importante de mi vida es la estabilidad. ¡Soy una persona estable!
- Soy una persona leal. Soy fiel. Soy fiable. ¡Pueden confiar en mí!
- Estoy aquí. ¡Y estoy aquí para quedarme!
- ¡Tengo logros en mi vida porque soy estable!
- ¡El espíritu de la crítica y la murmuración ya no están en mi vida!
- Satanás es el acusador. Por eso, ¡ya no acusaré ni juzgaré a nadie!
- ¡No quiero ser como Satanás!
- ¡Acabé con el espíritu de Judas en mi vida!
- ¡Soy librado de la desobediencia y la rebelión!
- ¡No soy reacio a la voz de Dios!
- ¡No soy parte de ninguna insurrección en la iglesia!
- ¡Termino con toda actitud de engaño en mi vida!
- ¡Revoco todo espíritu de rebeldía en mi vida y ministerio!
- ¡No soy parte de ningún motín, ni sedición ni ninguna insurgencia en la iglesia!

- No soy un rebelde. No soy un separatista. ¡No soy un miembro disidente!
- ¡Nunca seré parte de una revuelta ni de un movimiento revelde dentro de la iglesia!
- ¡Soy un siervo fiel, leal y fiable!
- No digo las cosas con doble intención. ¡Hablo literalmente!
- ¡No soy una persona que intenta complacer a otros!
- ¡No estoy pendiente de la jerarquía!
- ¡Por la gracia de Dios, no seré un Judas!
- ¡Tengo la unción de la lealtad, la unidad, la estabilidad y la coherencia!
- Porque soy fiel, ¡todos los días Dios me está ascendiendo de puesto!
- ¡Dios me levanta cada día!
- ¡No les oculto información a mis líderes y pastores!
- ¡Cuando escuche de calumnia e insubordinación, se lo comunicaré a mis líderes espirituales tal como la familia de Cloé le informó al apóstol Pablo acerca de las divisiones!
- La lealtad me costará algunas relaciones y amistades, ¡pero estoy preparado para pagar el precio!
- Porque tengo la actitud de un siervo humilde y fiel, ¡Dios me dará una doble porción de la unción!
- ¡Veo la unción llegando a mi vida!
- ¡Siento la unción cayendo sobre mí!
- ¡Veo la bendición de la promoción y de la exaltación de parte de Dios viniendo sobre mí en este mismo instante!
- Porque soy fiel con lo que es de otros, ¡Dios me ha concedido mi propia bendición!

- Porque soy fiel y leal en lo pequeño, ¡Dios me ha dado mucho!
- Soy fiel con el dinero. Porque no soy fiel con el injusto Mamón, ¡Dios me dará las verdaderas riquezas de su llamamiento!

Confesiones para vencer pecados persistentes y habituales

- ¡Soy libre del estrés, la preocupación, la condenación y la autocompasión!
- Ya no me preocupo por cosas innecesarias. Puse todas mis cargas en Jesús. ¡No tengo cargas!
- Soy libre. Soy libre de las ilusiones, las alucinaciones y de los malos espíritus. ¡Ya no escucho más voces hablándome y acusándome!
- El espíritu de la alucinación no tiene poder sobre mi vida. ¡Hago callar la voz del devorador que me está acosando!
- ¡Rompo el yugo de las ilusiones, las alucinaciones y de las imágenes mentales que es contrario a la Palabra de Dios!
- Mi mente está limpia y pura. ¡Los malos pensamientos ya no tienen lugar en mi mente!
- ¡Los sueños, las fantasías y las insinuaciones del diablo ya no me asustan!
- ¡Estoy cubierto por la sangre de Jesús!
- Aunque en el pasado pequé, la sangre de Jesús me cubre. ¡Soy perdonado!
- ¡Ya no me duermo en la iglesia mientras predican!
- Insisto en que soy libre de la esclavitud de comer de más. A partir de hoy, ¡puedo ayunar!

- ¡Proclamo que soy libre del poder del menosprecio, la crítica y la murmuración en el nombre de Jesús!
- ¡Soy libre del continuo problema del desdén, la crítica y el chisme!
- No soy orgulloso. ¡Superé el problema de hacer comentarios presuntuosos!
- ¡Soy una persona libre y estoy feliz porque cada día Dios es bueno conmigo!
- Vencí el espíritu del cansancio cuando se trata de trabajar en la obra de Dios. ¡Hago todo en el nombre de Jesús, a quien sirvo y pertenezco!
- ¡Ya no tengo el problema de la fornicación!
- ¡No soy un mujeriego!
- Ya no me acostaré con ningún hombre ni con ninguna mujer. No soy un animal. Tengo respeto por mí mismo. ¡Haré lo que es decente y correcto!
- ¡No soy un homosexual!
- No practico ninguna forma de homosexualismo. No la acepto. ¡Nunca la aceptaré porque la Palabra de Dios la rechaza como una anormalidad!
- ¡No volveré a practicar abortos!
- No soy un asesino. ¡Dios me perdonó por el derramamiento de la sangre!
- ¡Mi boca está libre de mentiras!
- Soy libre del pecado de robar. ¡Ya no tengo que tomar lo que le pertenece a otro!
- ¡No soy un codicioso!
- Vencí en mi vida todo espíritu de retroceso. ¡No hay síntomas de retroceso en mi vida!

- No caeré. Estaré firme. ¡Estaré firme porque Jesús me ayudará a estar firme!
- Disfruto de la comunión continua con los hermanos. No soy un cristiano irregular. ¡Soy fiable!
- ¡Soy librado de los viejos hábitos que me impiden servir a Dios!

Confesiones para desarrollar un estilo de vida justo

- Jesús murió por mí en la cruz. ¡Su sangre me ha limpiado de toda injusticia!
- ¡Estoy resuelto a caminar en santidad!
- Por la gracia de Dios, ¡soy santo!
- ¡Dios está examinando mi corazón y probando mis pensamientos!
- ¡Constantemente oro para que Dios quite todo camino perverso de mi corazón!
- ¡Guardo mi corazón con toda diligencia!
- ¡No dejo que los malos pensamientos entren a mi mente!
- Soy obra de sus manos. ¡Soy una nueva creación!
- ¡Ya no peco!
- Fui creado para buenas obras. ¡Practico estas buenas obras en forma habitual!
- ¡Dios me ha apartado de una generación maligna y perversa!
- La gracia de Dios que trae salvación se me ha manifestado. Por esto, ¡me niego a los deseos impíos y mundanos!
- ¡Declaro con valor que viviré justa y piadosamente en el presente siglo!

- ¡A partir de hoy, tengo constante victoria sobre el poder de la adicción al cigarrillo, el tabaco y el alcohol!
- A partir de este momento, el odio, la amargura, el enojo, el homicidio, los insultos, las palabrotas y las palabras necias son quitadas de mi vida. ¡Me separo en forma permanente de estos vicios, en el nombre de Jesús!
- ¡No tengo un temperamento incontrolable!
- ¡Mi mente está libre de inmundicia y contaminación!
- ¡A partir de este momento, el fruto del Espíritu opera en mi vida!
- ¡Puedo decir «¡No!» cuando soy tentado!
- ¡A partir de este momento, cuando el diablo me tiente le diré «¡No!»!
- No soy una mujer extraña. ¡No provocaré la caída de ningún hombre ni de ningún hermano en la fe!
- ¡No traeré sobre mí la maldición durmiendo con el esposo de otra mujer!
- ¡No haré pecar a nadie!
- ¡Dios me está revelando su plan!
- ¡Estoy constantemente consciente de que el Espíritu Santo está en mí!
- Estoy experimentando los frutos del Espíritu en mi vida. ¡Estoy desarrollando en el Espíritu Santo el carácter de la santidad, el gozo y la paz!
- ¡Viviré en pureza y rectitud todos los días de mi vida!
- No soy una persona mala. ¡Soy una persona buena!
- ¡Soy una persona amable y honrada en el nombre de Jesús!

- Muestro paciencia con las personas insensatas. ¡Soy una persona agradable!
- ¡No exploto de enojo ni irritación todo el tiempo! ¡Tengo un buen carácter!
- ¡Estoy constantemente rendido al carácter del Espíritu Santo!
- Estoy sin culpa y soy marido de una sola mujer. ¡Soy esposa de un solo hombre!
- ¡No soy una persona obstinada ni dada al vino!
- ¡No soy un amante del dinero sucio que proviene de la corrupción!
- Ya no soy malicioso ni irritable. Aun si esa es la naturaleza de mi familia, ¡me aparto de ese carácter en el nombre de Jesús!
- No soy una persona molesta ni pendenciera. ¡No soy indisciplinado y no soy un mentiroso!
- Soy un cristiano sólido, fiel y fiable. ¡Los pastores pueden confiar en mí!
- ¡Me vean o no, estaré haciendo lo correcto!
- En la iglesia me conocen. Soy una oveja que está cerca del pastor. ¡No soy una oveja que está lejos!

Confesiones para la victoria

- ¡Proyecto y predigo la victoria en todo lo que diga y haga!
- ¡Soy feliz porque Dios está de mi lado!
- ¡No puedo fallar porque el Supremo está en mí!
- Jesús me dijo que estaría conmigo. Porque Él está en mí, ¡no puedo ser derrotado!

- ¡Si Dios está por mí, ¿quién contra mí?!
- Si Dios está conmigo, por mí y en mí, ¿qué mal prevalecerá contra mí?
- ¡En todas estas cosas, soy más que vencedor!
- ¡Estoy convencido de que ni la muerte ni la vida, ni ángeles ni principados ni potestades pueden separarme del toque ganador de Dios!
- ¡Estoy persuadido de que ni entidades, ni poderes, ni lo presente, ni lo porvenir, ni ninguna otra cosa creada puede impedir que disfrute de mis bendiciones en Cristo!
- Declaro que toda batalla que estoy enfrentando se ha vuelto en mi favor. ¡Las cosas resultan en mi favor!
- ¡Cualquier enemigo que se levante en mi contra esta semana, caerá por mi causa, en el nombre de Jesucristo!
- ¡Revoco toda palabra de maldad dicha en mi contra a partir de hoy!
- Rechazo las malas noticias y las corrientes de mal. Por tanto, ¡soy dichoso y grandemente favorecido!
- ¡Dios me ha librado de la angustia!
- ¡No tengo novio/a incrédulo!
- ¡Me he librado de las malas compañías!
- ¡Ordeno a la multitud de problemas delante de mí dispersarse, esparcirse y desintegrarse en el nombre de Jesús!
- ¡Ya no puedo ser derrotado!
- ¡No estoy confundido!
- ¡No soy infeliz!
- Ya no estoy desanimado. No estoy deprimido. A partir de ahora, ¡estoy estimulado y libre de estrés!

- ¡Me dirijo a toda área oscura de mi vida y ordeno que la luz de Dios muestre el camino!
- ¡Ningún peligro puede estar cerca de mi morada!
- ¡A partir de hoy, me rehúso a preocuparme!
- ¡Rechazo la ansiedad y la incredulidad!
- Aprobaré todos los exámenes. Venceré todas las tentaciones y soportaré toda prueba. En tiempo de hambre, ¡el Espíritu de Dios me dará sabiduría!
- ¡Aprobaré todos los exámenes!
- La escuela ya no presenta un problema para mí. ¡Me va bien en todas las materias!
- Predigo resultados excelentes en todo examen futuro. Soy cabeza y no cola. ¡Soy el primero y no el último!
- Soy un ganador. Tengo ideas exitosas. ¡Tengo soluciones exitosas!
- ¡Dios me da la victoria todo el tiempo!
- ¡Soy cabeza y no cola!
- ¡Mi vida tiene un propósito!
- ¡Las imposibilidades se están convirtiendo en posibilidades!
- Para que yo fracase, Dios tiene que fracasar. Como Dios no puede fracasar, ¡yo no fracasaré!
- ¡Desapareció el espíritu de la pereza!
- Alrededor de mí, todo es paz. ¡Él me está ayudando! ¡Él está allí!
- Ninguna corriente de mal se me acercará. Los que esperan escuchar malas noticias sobre mí, tendrán que esperar para siempre. ¡No habrá malas noticias en mi vida!

- Dios ha puesto su amor en mí. Él me librará. ¡Me pondrá en alto!
- Cuando llamo, responde. ¡Está conmigo cuando estoy en problemas!
- ¡Me honrará con larga vida!
- ¡Me saciará y me mostrará su salvación!
- ¡Los poderes angelicales y las fuerzas celestiales todos los días se desatan por mi causa!
- ¡Los poderes del cielo están a mi lado y me defienden!
- ¡Soy salvo por la sangre!
- ¡A causa del Espíritu, el agua y la sangre predigo la victoria absoluta en toda situación!

Confesiones para alcanzar la paz y la felicidad

- ¡Conozco al Señor y el Señor me conoce!
- Porque encontré a Cristo, ¡tengo paz y felicidad!
- ¡Ya no tengo más preocupaciones!
- ¡Mis labios se regocijarán grandemente en el Señor!
- Cantaré alabanzas a mi Rey. Porque encontré al Señor, ¡no tengo necesidad de nada más!
- Dios ha hecho grandes cosas por mí. ¡Dios está haciendo grandes cosas por mí!
- Aunque los hombres tomen consejo contra mí y digan: «Dios lo abandonó», ¡sé que Dios no me ha abandonado!
- ¡Jesús prometió no abandonarme!

- El fin de la vida es sencillo: servir a Dios y guardar sus mandamientos. A partir de hoy, ¡vivo para servir a Dios y guardar sus mandamientos!
- La paz es mía. El gozo es mío. ¡La felicidad perpetua es mía!
- ¡La excelsa belleza de Dios me rodea!
- ¡Dios me ha concedido bienes y riquezas!
- ¡Dios me ha dado el poder para comer de las mismas y tomar mi porción!
- ¡Dios me ha dado la capacidad de regocijarme en mi trabajo y ser feliz en la vida!
- ¡Dios me ha bendecido tanto que mi alma no quiere nada!
- ¡Mi alma está satisfecha con Dios!
- Moriré en buena vejez. ¡Iré a la tumba en honor!
- ¡He aplicado mi corazón a conocer la sabiduría!
- ¡El fin de mi vida es mejor que el comienzo!
- Me aguardan mejores cosas. ¡Tengo mucha esperanza para el futuro!
- ¡Me acostaré y disfrutaré el descanso de Dios!
- ¡Cuando duermo solo tengo lindos sueños!
- No tengo pesadillas que me hacen entrar en pánico. ¡No veo vacas, víboras ni antílopes persiguiéndome!
- Rechazo por completo todo sueño en el que yo aparezca en un ataúd. No estoy en un ataúd. Estoy vivo. Estoy bien. ¡Y soy dichoso!
- Aunque muchas personas me tengan envidia, ¡sigo prosperando!

- ¡Tengo éxito pese al odio de mis enemigos!
- ¡La muerte no me sobrevendrá de repente!
- Las puertas que se habían cerrado en mi vida, comienzan a abrirse. ¡Puertas de matrimonio, puertas de felicidad, puertas de paz y puertas de riquezas!
- ¡Viviré hasta llegar a edad avanzada!
- ¡Puedo ver el futuro!
- ¡Me estoy convirtiendo en un líder en la casa de Dios!
- Soy respetado en la iglesia. ¡La comunidad cristiana me respeta!
- ¡Veo el camino que tengo por delante!
- Tengo paz a mi alrededor. Los gigantes que me rodean ya no me atemorizan. ¡No soy una langosta!
- Veo soluciones. Veo soluciones. Veo logros. ¡Veo logros!
- Veo felicidad. Veo gozo. Veo paz. Veo bendiciones. Veo una promoción. Veo un impulso hacia arriba. Veo respuestas. Veo contentamiento. Veo tranquilidad a mi alrededor. En verdad estoy en pastos verdes. ¡En verdad estoy junto a aguas de reposo!

Confesiones para tu sanidad

- Ciertamente Él llevó mis aflicciones, mis enfermedades y mi debilidad. Él llevó mi pena. ¡Cristo Jesús quitó mi dolor!
- Nosotros le tuvimos por azotado y herido de Dios. Pero Él herido fue por nuestras rebeliones. Fue molido por nuestros pecados. ¡El castigo de nuestra paz fue sobre Él y por su llaga fuimos nosotros curados!
- Fui sanado por las llagas de Jesús. El precio fue pagado. ¡No seguiré llevando esta enfermedad!

- No tengo miedo. El Señor me fortalecerá y me protegerá. ¡Me sanará de cualquier enfermedad extraña!
- La Palabra de Dios es agradable para mí. ¡Es dulce a mi alma y salud para todos mis huesos!
- Atenderé la Palabra de Dios. No la apartaré de mis ojos. ¡Guardaré la Palabra de Dios en medio de mi corazón!
- ¡La Palabra de Dios es vida para mí y salud para mis huesos!
- Abraham oró por Abimelec, por su esposa y sus siervos para que tuvieran hijos. ¡La Palabra de Dios sigue viva hoy! ¡Yo también tendré hijos!
- Según Éxodo 15:26, ninguna de las enfermedades de los egipcios tiene poder sobre mí. ¡Él es el Señor que me sana!
- ¡Sirvo al Señor mi Dios y Él bendecirá mi pan y mi agua!
- ¡La enfermedad fue quitada de mi familia! La enfermedad fue quitada de mi hogar. Ya no veo más enfermedad. ¡Ya no veo más tragedia!
- No tendré un aborto. No seré estéril. Soy fértil. ¡Tendré cuantos hijos quiera!
- No moriré antes de tiempo. Cumpliré mis días. No moriré en este hospital. ¡Seré dado de alta en el nombre de Jesús!
- Mis días han sido prolongados. Mi vida ha sido extendida. ¡La sangre de Jesús me protege de enfermedades malignas!
- Muchas son las aflicciones del justo, pero de todas ellas lo libra el Señor. ¡Veo al Señor librándome de mis aflicciones ahora mismo!
- Ningún mal me acontecerá. Ninguna plaga ni calamidad puede venir sobre mí. ¡Declaro que así será, en el nombre de Jesús!
- ¡Bendeciré al Señor por todos sus beneficios! ¡Él me sanó!

- Envió su Palabra y me sanó. ¡Fui rescatado de la tumba en el nombre de Jesús!
- ¡Mi corazón quebrantado sana porque Él sana a los corazones quebrantados!
- Me veo renovando fuerzas. Me veo levantándome en este momento. Veo la oscuridad aclararse. El gozo vendrá por la mañana. ¡Veo venir el gozo ahora mismo!
- Tal como la mujer con flujo de sangre, hoy estoy sano. Se acabaron los años de lamentación. ¡No gastaré más dinero en médicos!
- Ya no sufriré en hospitales. Estoy sano. ¡He sido sanado!
- ¡Toqué el borde de su divino manto y fui sanado!
- ¡En el nombre de Jesús desbarato a todo espíritu malo de cáncer y toda enfermedad incurable!
- El reino de Dios está cerca. ¡Las bendiciones del reino son mías cada día!
- Sanen a los enfermos, limpien a los que tienen lepra, resuciten a los muertos, echen fuera demonios. Lo que recibieron gratis, denlo gratuitamente. ¡Estos mandamientos suceden hoy en mi vida en la práctica!
- Veo el ministerio del milagro. ¡Veo sanidades sucediendo a mi alrededor!
- ¡Los ciegos ven, los cojos caminan, los leprosos son limpiados y los sordos oyen!
- ¡Los muertos resucitan en mi ministerio y a los pobres les es predicado el evangelio!
- No le tengo miedo a la muerte. Creo que Dios me sanará y me resucitará. ¡Creeré en Dios hasta el fin!
- ¡Estas señales me siguen todos los días: los enfermos se sanan y los demonios huyen!

- Los demonios no representan un problema para mí. Todos los turbados por espíritus inmundos reciben sanidad. ¡Vencí al espíritu de la enfermedad mental!

- Dios está haciendo milagros especiales en mi vida. ¡El pañuelo y el delantal salen de mi cuerpo y se llevan a los malos espíritus!

- ¡En este momento hay una unción para acabar con las maldiciones!

- ¡Soy libre de la fiebre, la inflamación y el ardor!

- ¡Dios me sanó de la leucemia aguda y de extrañas enfermedades sanguíneas!

- ¡Soy sanado de la anemia ferropénica y de la anemia megaloblástica!

- ¡La tripanosomiasis africana y la esquistosomiasis no tienen acceso a mi vida!

- En el nombre de Jesucristo, ¡pongo fin a toda enfermedad en mi cuerpo que amenace mi vida! ¡Cesaron el asma severo agudo, la crisis drepanocítica y los ataques epilépticos de gran mal!

- ¡Soy libre de la locura, la ceguera y la turbación de espíritu!

- Disuelvo toda clase de formación de cálculos en los riñones, conductos de la bilis o glándulas salivales. ¡Los cálculos en el riñón, en la vesícula y salivales se disuelven en este mismo instante!

- Rechazo por completo cualquier forma de cáncer dentro del cuerpo. Niego rotundamente la entrada de cualquier célula maligna. ¡Interrumpo por completo cualquier forma de crecimiento extraño dentro de mi cuerpo!

- Ordeno que los siguientes cánceres mueran inmediatamente: cáncer de próstata, cáncer de útero, cáncer de cuello de útero, cáncer de pulmón, cáncer de huesos y cáncer del cerebro. ¡No moriré de cáncer!

- Suspendo cualquier forma de desarrollo cancerígeno en mi vida. Pongo fin a toda clase de cáncer maligno. ¡Le declaro la muerte al cáncer de mamas, de estómago, de hígado, de riñón, de intestino y de páncreas!

- ¡Declaro en el nombre de Jesús la curación instantánea de cualquier forma de epilepsia, ya sea epilepsia del lóbulo temporal, crisis epiléptica de gran mal, de pequeño mal o epilepsia Jacksoniana!

- Predigo y pronuncio libertad de toda condición psiquiátrica. ¡Estoy completamente curado de la esquizofrenia, manía y depresión severa!

- Declaro con valor que soy sanado del alcoholismo y del poder de la cannabis sativa (marihuana). ¡Queda curado de manera permanente en mi vida cualquier estado de desorden tóxico por abuso de droga!

- ¡La cocaína, las anfetaminas, la morfina, la heroína y cualquier droga alucinógena a partir de esta hora no tienen atractivo para mí!

- No le tengo miedo a nada. ¡Soy libre de cualquier forma de fobia, anorexia nerviosa y toda enfermedad relacionada con el estrés!

- Tengo un carácter totalmente saludable. Revoco, anulo y suspendo en mi vida todo rasgo antisocial, paranoico, dependiente, histriónico o histérico, esquizoide y obsesivo de la personalidad. ¡Tengo el carácter de Cristo!

- No tengo sobrepeso. No estoy por debajo del peso normal. Como normalmente. ¡No tengo el problema de comer de más!

- Cualquier dolor en mi cuerpo recibe en este instante sanidad. Sanan en este momento el dolor de cuello, de hombros, de codo, de mano y de muñeca, de cadera, de espalda, de cintura, de rodilla, de pie y de tobillo. ¡Es ahora en el nombre de Jesús!

- Cualquier forma de malaria resistente a la cloroquina queda abolida en este momento. ¡Declaro la cura de la fiebre tifoidea! ¡Ningún tipo de fiebre puede atacarme, en el nombre de Jesús!

- Soy sanado por el poder de las llagas de Jesús. Desaparece de mi cuerpo toda forma de artritis en este momento. ¡Ordeno que en el nombre de Jesús desaparezcan la artritis reumatoidea, la espondilitis anquilosante, la artritis psoriásica y la osteoartritis crónica!

- Pronuncio la sanidad de enfermedades extrañas e incurables. ¡Echo fuera de mi vida en el nombre de Jesús el lupus eritematoso sistémico, la esclerosis sistémica progresiva, la esclerosis múltiple y la poliarteritis nodosa!

- Soy libre de las enfermedades del corazón. El corazón late con normalidad. ¡El dolor de pecho, los ataques al corazón, la infección miocárdica y la angina de pecho sanan en el nombre de Jesús!

- ¡Tengo la cura de la fibrilación auricular, paros cardíacos y bloqueo aurículo-ventricular en el nombre de Jesús!

- Los pulmones funcionan de maravilla. ¡Estoy sano de la tuberculosis, el asma y la neumonía!

- Soy sano de toda clase de lombrices. A partir de este momento, ninguna lombriz puede sobrevivir en mi cuerpo. ¡Pongo fin a la vida de la lombriz solitaria y del sacárido intestinal en el nombre de Jesús!

- ¡Las siguientes lombrices tienen sentencia de muerte en mi cuerpo: Taenia saginata, Taenia solium, Enterobius vermicularis, Ascaris lumbricoides, Trichuris trichiura, Necator americanus, Ancylostoma duodenale, Strongyloides stercoralis, Capillaria philippinensis, Wuchereria bancrofti, Brugia malayi, Loa loa, Onchocerca volvulus, Dracunculus medinensis (gusano de Guinea), Toxocara canis, Ancylostoma brasiliensis, Oesophagostomum specis, Angiostrongylus cantonensis, Trichinella spiralis, Gnathostoma spinigerum, Anisakis marina!

- Tengo un embarazo normal y el bebé que está adentro crece normalmente. ¡No sufre retraso del crecimiento ni ninguna otra anormalidad!
- Predigo y declaro que tendré un parto rápido y fácil. Mi bebé saldrá con gran facilidad. ¡Suprimo cualquier mala postura y mala presentación del bebé!
- ¡No sufriré la presentación de cara, de cejas ni de nalgas del bebé!
- No moriré durante el trabajo de parto. Viviré para cuidar a mi hijo. ¡No moriré desangrada después del parto!
- ¡Soy libre de enfermedades renales, de la anemia, eclampsia, pérdida excesiva de sangre, hipertensión inducida por el embarazo, de un trabajo de parto anormal y del aborto!
- Daré a luz un hijo saludable e inteligente. ¡Mi hijo es sanado de enfermedades congénitas del corazón y de extrañas enfermedades hereditarias!
- ¡Me niego a sufrir de diabetes mellitus, tirotoxicosis, hipertensión, enfermedades del corazón, asma o enfermedades mentales!
- ¡Le doy gracias a Dios porque disfruto de todos los beneficios de la salud y de larga vida!
- ¡Disfruto milagros de sanidad todos los días!

Confesiones para viajar

- ¡Soy bendito al partir y bendito al volver!
- ¡Los carros se preparan para la batalla, pero la salvación es del Señor!
- ¡El ángel del Señor acampará alrededor de mí cuando viaje hoy!

- No moriré en un accidente automovilístico en el nombre de Jesús. ¡Estoy a salvo de conductores ebrios e imprudentes!
- ¡Ningún mal me acontecerá cuando salga hoy!
- ¡No soy víctima del conductor imprudente ni de la indiferencia negligente hacia la vida humana!
- Los poderes angelicales me protegen. ¡Voy seguro por tierra, aire y mar!
- Llegué a destino a salvo. ¡Volveré a casa, junto a mi familia, a salvo!
- ¡Interrumpo y pongo fin a cualquier plan y maquinación de Satanás que tenga como objetivo matarme o herirme durante este viaje!
- ¡Ato todo poder, encanto o conjuro oculto que se encuentre en cualquier parte del camino!
- ¡No hay hechizo contra Jacob ni pronóstico contra Israel!
- ¡Mil autos y aviones pueden accidentarse a mi izquierda y diez mil a mi derecha, pero declaro que no estaré a bordo de ninguno de ellos!
- ¡Ni mi avión ni mi auto serán secuestrados!
- ¡Estoy a salvo de secuestradores, rebeldes, asesinos seriales y robos a mano armada!
- Este será un viaje próspero. Recibo beneficios en cada esquina. ¡Mis bolsillos están llenos de bendiciones!
- ¡Este viaje mejorará mi vida espiritual!
- Por mi causa, ¡todos están a salvo en este viaje!
- Aunque ande en valle de sombra de muerte, ¡no temeré!
- Mi auto está en condiciones para circular. ¡La policía no me arrestará en el camino!

- Cubro con la sangre de Jesucristo mi vida y la de mis seres queridos. ¡La sangre de Jesús responderá a toda demanda y clamor por mi vida hoy!

Confesiones para un buen descanso

- ¡El Señor le da descanso a sus amados!
- A partir de hoy, disfruto mi descanso. ¡Ya no lucho de noche para dormir!
- ¡Ya no le tengo miedo a la noche!
- A partir de hoy, tendré lindos sueños. Cancelo todo sueño desagradable a partir de este momento. ¡Ya no sufro extrañas pesadillas!
- Detengo a toda bruja que se atreva a volar sobre mi casa. ¡Mi casa no es zona de vuelo para brujas ni magos!
- ¡Ya no llegará a mí ninguna flecha que vuele de noche!
- Ya no necesito pastillas para dormir. ¡Soy libre de sedantes y tranquilizantes!
- Ya no veo tumbas ni ataúdes en sueños. ¡Anulo en el nombre de Jesús toda actitud negativa y sueño aterrador!
- ¡Ya no me perseguirán en sueños vacas, monos, víboras, cocodrilos ni ninguna criatura extraña!
- ¡Los malos espíritus no pueden acosarme de noche y no lo harán!
- Pongo fin a cualquier encuentro espiritual y sexual en mis sueños. ¡Ya no tengo sexo con personas o seres extraños en mis sueños!
- Ya no duermo de más. La vagancia no es un problema. ¡Soy capaz de levantarme cuanto tengo que hacerlo!
- ¡Ya no me orino en la cama!

- ¡Ya no tengo sueños mojados!
- A partir de hoy, ¡cubro mi casa y mi vida con la sangre de Jesús!
- ¡Estoy a salvo de violadores, ladrones y robos a mano armada!
- Ya no me visita ninguna persona mala. ¡Será descubierto cualquier ladrón que ingrese a mi casa!
- El ángel del Señor acampa alrededor de mí. Estoy a salvo en sus manos. ¡Disfruto de un descanso tranquilo y bendito!

Libros de

Dag Heward-Mills

1. Lealtad y Deslealtad
2. Lealtad y Deslealtad - Los que te acusan
3. Lealtad y Deslealtad - Los que son hijos peligrosos
4. Lealtad y Deslealtad - Los que son ignorantes
5. Lealtad y Deslealtad - Los que olvidan
6. Lealtad y Deslealtad - Los que te abandonan
7. Lealtad y Deslealtad - Los que fingen
8. El Crecimiento de la Iglesia
9. Plantación de Iglesias
10. La Mega Iglesia (2da edición)
11. Atrapa La Unción
12. Pasos hacia la Unción
13. Las Dulces Influencias de la Unción
14. Amplificar tu Ministerio Con Milagros y Manifestaciones Del Espíritu Santo
15. Transforma tu Ministerio Pastoral
16. El Arte de Pastorear
17. El Arte de Liderazgo (3era edición)
18. El Arte de Seguir
19. El Arte del Ministerio
20. El Arte de Escuchar (2da edición)
21. Perder, Sufrir, Sacrificar y Morir
22. Qué Significa Convertirse en Apacentador
23. Los Diez Errores Principales que los Pastores Cometen
24. Porque al que tiene, se le dará; y al que no tiene, aun lo que tiene se le quitará
25. Por qué los cristianos que no diezman empobrecen…y cómo prosperan los cristianos que diezman
26. El Poder de la Sangre
27. Anagkazo (2da edición)
28. Díles
29. Cómo Nacer de Nuevo y Evitar ir al Infierno
30. Muchos son llamados
31. Peligros Espirituales
32. Volver Atrás
33. ¡Decláralo! ¡Reclámalo! ¡Recíbelo!
34. Los demonios y cómo tratar con ellos
35. Cómo Orar
36. La fórmula de la humildad
37. Hija, tú puedes lograrlo
38. Entender el Tiempo Devocional
39. Ética Ministerial (2da edición)
40. Laikos

www.ingramcontent.com/pod-product-compliance
Lightning Source LLC
LaVergne TN
LVHW020640100826
845148LV00012B/2269

* 9 7 8 9 9 8 8 8 5 1 6 2 0 *